SOBROU DINHEIRO

LUÍS CARLOS EWALD

SOBROU DINHEIRO
COMO ADMINISTRAR AS CONTAS DA CASA

Acompanha
Código de Defesa do Consumidor

19ª Edição
Revista e Atualizada

Rio de Janeiro | 2015

Copyright © 2003, Luís Carlos Ewald

Capa: Oporto design

Imagens de capa: © poligonchik / © ilbusca / ©Creativeye99 | iStockphoto

Foto do autor: Victor Lima

Editoração: FA Studio

Texto revisado segundo o novo
Acordo Ortográfico da Língua Portuguesa

2015
Impresso no Brasil
Printed in Brazil

CIP-Brasil. Catalogação na publicação
Sindicato Nacional dos Editores de Livros — RJ

E94s 19. ed.	Ewald, Luís Carlos Sobrou dinheiro: como administrar as contas da casa / Luís Carlos Ewald; ilustração Carlos Alberto Dias da Silva. — 19. ed. rev. e atualiz. — Rio de Janeiro: Bertrand Brasil, 2015. 168 p.: il.; 23 cm. Apêndice 'Acompanha Código de Defesa do Consumidor' ISBN 978-85-286-1562-3 1. Finanças pessoais. 2. Orçamento familiar. 3. Economia doméstica. I. Título.
14-16190	CDD: 332.024 CDU: 330.567.2

Todos os direitos reservados pela:
EDITORA BERTRAND BRASIL LTDA.
Rua Argentina, 171 — 2º andar — São Cristóvão
20921-380 — Rio de Janeiro — RJ
Tel.: (0xx21) 2585-2070 — Fax: (0xx21) 2585-2087

Não é permitida a reprodução total ou parcial desta obra, por
quaisquer meios, sem a prévia autorização por escrito da Editora.

Atendimento e venda direta ao leitor:
mdireto@record.com.br ou (0xx21) 2585-2002

SUMÁRIO

Introdução à Economia Doméstica 7

1. O Orçamento Doméstico 11
2. Cálculo da sua inflação familiar... 41
3. Planejamento das compras domésticas 47
4. Negociação de serviços caseiros 57
5. Noções básicas de taxas de juros 63
6. Negociação de compras a prazo.. 71
7. Cuidados ao pegar dinheiro emprestado.......................... 85
8. Poupança e investimentos 93
9. Cálculo de margens de lucro em pequenos negócios 111

Apêndice:
- Planilhas de Orçamento Doméstico 117
- Lista de compras.. 123
- Tabela de fatores de parcelas iguais............................. 132

Glossário.. 135

Código de Defesa do Consumidor.. 137

Nota do editor:

Os valores monetários apresentados nesta obra correspondem à data de publicação da primeira edição do livro (2003).

INTRODUÇÃO À ECONOMIA DOMÉSTICA

Todas as famílias, mesmo sem prestar atenção, têm que administrar as contas da casa, senão a coisa fica feia; antes do fim do mês o dinheiro acaba e restam contas para pagar.

> A ECONOMIA DOMÉSTICA É A
> ADMINISTRAÇÃO DAS CONTAS DA CASA.

Ricos ou pobres, sobrando ou faltando dinheiro, todos convivem no dia a dia com essa administração, tentando chegar ao fim de cada mês da melhor maneira possível. Para isso, quanto mais planejamento, melhor!

O período de um mês tem especial importância, porque a cada mês vencem vários compromissos, como aluguel, condomínio, luz, gás, telefone, mensalidade escolar, plano de saúde, prestações; enfim, tudo!

Passado o mês, se sobrar algum dinheiro, aplica-se para render juros; se faltar, pega-se emprestado para enfrentar os compromissos pendentes, o que custará juros e, se for no cheque especial, sai de baixo...

É dessa administração mês a mês das contas da família que tratam estas LIÇÕES DE ECONOMIA DOMÉSTICA. De mês em mês se chega a um ano, e de ano em ano se chega ao momento da aposentadoria. E é bom que nessa hora as contas estejam todas em dia há muito tempo e se tenha um bom dinheirinho na poupança.

Para ficarmos convencidos disso, é bom lembrar a definição de economia, essa coisa que persegue a gente com termos complicados que acabam em índices de inflação, impostos e reajustes de preços:

> ECONOMIA É A CIÊNCIA QUE ESTUDA
> A ESCASSEZ DE RECURSOS.

Conclusão: o dinheiro é pouco para todo mundo e torna-se necessário saber em que é mais importante gastá-lo. Daí a necessidade de um ORÇAMENTO.

O Orçamento é a peça mais importante de ajuda na administração da escassez de recursos, tanto para um Governo, como para uma Empresa ou uma Família.

Há pouco tempo, na época da inflação desenfreada (*rápido: três toques na madeira e isola...*), as contas do Governo Federal eram uma vergonha: como num verdadeiro teatro, fingia-se existir um Orçamento para o país, o qual só conseguia ser aprovado lá por setembro ou outubro do ano em que a gente estava, ou seja, quando tudo já havia sido gasto na maior bagunça. Hoje em dia, felizmente, o Orçamento é aprovado antes que o ano comece.

INTRODUÇÃO À ECONOMIA DOMÉSTICA

Hoje, para os estados e municípios, existe a tal Lei de Responsabilidade Fiscal de que tanto reclamam governadores e prefeitos. Ela é exatamente uma exigência legal para que eles não gastem mais do que ganham com impostos, embora alguns continuem abusando e o dinheiro muitas vezes falte. Para isso não acontecer, é indispensável um Orçamento para se prever quanto será arrecadado em impostos e quanto se poderá gastar nas despesas com o funcionalismo, fornecedores e obras.

Já para a Família, existe o ORÇAMENTO DOMÉSTICO, que deve ser o retrato das Receitas e Despesas de todos os membros envolvidos na vida cotidiana do lar. Tem mais: uma coisa é apurar o que está sendo gasto hoje em dia sem controle e outra coisa é planejar as despesas antecipadamente para não se gastar mais do que se ganha, que é exatamente a função do Orçamento Doméstico!

Assim, em função da elaboração de um correto e bem estruturado Orçamento Doméstico, serão pesquisadas e analisadas nestas LIÇÕES DE ECONOMIA DOMÉSTICA as Receitas e Despesas que têm influência nas contas familiares.

> **TUDO VAI GIRAR EM FUNÇÃO DO ORÇAMENTO DOMÉSTICO.**

Antes de começar, e para melhor seguir os passos destas LIÇÕES, vale a pena dar uma rápida olhada no sumário que mostra o que vai ser visto e estudado em cada capítulo.

No Apêndice, você também encontrará transcrito na íntegra o CÓDIGO DE DEFESA DO CONSUMIDOR, que poderá ser consultado toda vez que você achar que seus direitos não estão sendo respeitados, bem como um Glossário, que o ajudará a decodificar algumas siglas que surjam no seu caminho.

Alguns capítulos são complementados e enriquecidos por artigos de nossa autoria, versando sobre o assunto, publicados em importantes jornais, revistas e sites ao longo dos últimos anos. Trata-se de leitura leve e crítica, que comenta fatos e experiências de relevância para a Economia Doméstica.

A seguir, um exemplo do que pode perfeitamente acontecer na tentativa de sensibilizar a moçada mais jovem para as responsabilidades de controlar as despesas e respeitar o Orçamento Doméstico.

Diálogo com um adolescente sobre o tema

— *Cara... Ninguém merece!* Minha mãe está um saco com essa coisa de Orçamento Doméstico. Fala sério, o que eu posso ganhar com essa coisa?

— Se você conseguir levar *essa coisa* a sério e passar, assim, a contribuir para ter as contas da casa sob controle, você *merecerá* a sobra de dinheiro que irá aparecer e que será proporcional ao esforço consumido *nessa coisa. Falou?*

— *Demorô, cara: já é!*

Essa grana que sobrar poderá servir para garantir, ao longo do tempo, um futuro mais tranquilo e compensador, ou, conforme o que cada um espera da vida, para aumentar as chances de desfrutar muitas atividades de lazer.

Recomenda-se grande força de vontade e muita disciplina em busca do que se pretende, o que certamente poderá compensar o esforço. Tem que SOBRAR DINHEIRO!

A todos, bastante sucesso nessa empreitada.

Luís Carlos Ewald

1
O ORÇAMENTO DOMÉSTICO

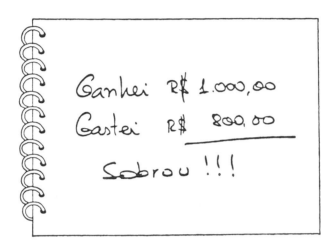

O Planejamento Financeiro é fundamental para uma Família que pretende ter as contas em dia e com isso levar uma vida sem estresse.

O Orçamento Doméstico é o principal instrumento para se fazer o Planejamento Financeiro para hoje, amanhã e dias futuros. É utilizado como ferramenta para se planejar um equilíbrio entre as Receitas e as Despesas nas contas do "lar doce lar".

A IMPORTÂNCIA DE SE FAZER UM ORÇAMENTO DOMÉSTICO

Para fazer o seu Planejamento Financeiro, o Governo também tem um Orçamento. Quem acompanha notícias econômicas vê manchetes diárias sobre a negociação do Orçamento do Governo, regulada pela

COMO ADMINISTRAR AS CONTAS DA CASA

Lei de Diretrizes Orçamentárias (LDO), a qual dá as normas para a sua elaboração.

Por meio desse instrumento, o Governo procura não gastar mais do que arrecada: caso contrário, ou se endivida — tomando dinheiro emprestado ao vender títulos para o público — ou fabrica dinheiro, gerando inflação.

Nas Empresas, o Planejamento Financeiro se faz por meio de um Orçamento Empresarial, que é a peça fundamental para o controle das Receitas e Despesas. É uma matéria estudada exaustivamente em livros e em manuais especializados, em cursos de graduação e de pós-graduação, de modo a preparar executivos para uma boa gestão empresarial.

No caso das Famílias, o Orçamento Doméstico costuma ser desconhecido ou ignorado. Resultado: em muitas delas, as despesas fogem do controle e é muito comum faltar dinheiro antes de o mês acabar.

Aí a coisa fica feia. Sobrando mês e faltando dinheiro, entra-se no cheque especial, pagam-se juros, não se quita a fatura do cartão de crédito, entra-se no crédito rotativo, pagam-se mais juros, o dinheiro que entra de novo não dá para chegar ao fim do mês, vira uma bola de neve, e foi-se a economia familiar...

Recomenda-se, nesses casos, um esforço para se fazer um orçamento, mas, como tudo na vida, não é fácil. Fala-se em esforço porque as dificuldades são muitas e é preciso uma grande força de vontade e o envolvimento consciente de todas as pessoas da casa.

Todos os membros da família responsáveis por gastos e despesas precisarão estar comprometidos com o projeto de estruturação do Orçamento Doméstico e dispostos a colaborar, senão a coisa não irá funcionar...

O ORÇAMENTO DOMÉSTICO

Para se chegar ao **Orçamento Doméstico** será necessário passar por três fases distintas:

1ª fase:
Avaliação, na base do "chute", do valor das despesas que a família acha que estão sendo feitas durante um mês.

2ª fase:
Acompanhamento e apuração no mês seguinte das despesas realmente efetuadas.

3ª fase:
Avaliação, programação de possíveis cortes e previsão dos valores que poderão ser gastos no mês seguinte; esse será o Orçamento Doméstico que deverá valer daí para a frente, todos os meses, com acompanhamento e ajustes.

PRIMEIRA FASE: MONTAR UM ORÇAMENTO NA BASE DO "CHUTE"

A primeira coisa que o responsável pela tarefa terá que fazer será examinar atentamente a PLANILHA DO ORÇAMENTO, item por item, para então identificar, cuidadosamente, as Receitas e Despesas mensais, tentando, na base do "chute", descobrir quanto se anda gastando por aí...

Por enquanto vai-se fazer uma apuração de Receitas e Despesas que já aconteceram (no Orçamento para valer, mais adiante, será um planejamento...).

Tire várias cópias da PLANILHA DO ORÇAMENTO antes de começar.

A partir daí, devem-se anotar os valores que foram determinados pelo seu "achômetro" nos respectivos itens da planilha, de modo a se ter uma ideia de como as coisas estão ocorrendo.

Pronto! Embora isso seja uma apuração de fatos já acontecidos sem controle, estará feito um precário rascunho do que será o Orçamento da casa.

Esse rascunho de Orçamento feito no "chute" (de fatos já acontecidos) servirá para ser comparado com aquele que será planejado no futuro e que realmente será para valer, depois das providências relacionadas a seguir. As surpresas serão muitas...

COMO IDENTIFICAR E SEPARAR AS DESPESAS

Os principais grupos de despesas que devem constituir um Orçamento Doméstico padrão são: Morar, Comer, Ir e Vir, Vestir, Estudar, Lazer, Saúde e Despesas Financeiras.

Uma rápida olhadela na planilha permitirá identificar os principais itens de despesas de cada grupo.

Usando um "economês" clássico, podemos fazer uma analogia e dizer que há *despesas elásticas*, que são aquelas que podem ser comprimidas, e outras que são *inelásticas*, ou seja, não adianta tentar que não há como fazer com que diminuam.

Vamos examinar, dentro desses grandes grupos, quais são as despesas mais comuns e que têm influência no Orçamento Doméstico, bem como aprender dicas e segredos que podem ajudar na redução dos valores e no seu efetivo controle.

MORAR

Aluguel/Prestação	R$	320,00
Condomínio	R$	60,00
Manutenção	R$	25,00
Impostos/Seguros	R$	73,00
Água/Luz/Gás	R$	51,00
Empregados	R$	80,00
Telefones	R$	105,00
Internet	R$	17,00
Bens Adquiridos	R$	–
Outros	R$	–
Total	R$	731,00

O ORÇAMENTO DOMÉSTICO

Na família padrão brasileira, a moradia e suas respectivas despesas representam 30% dos gastos totais. O ALUGUEL ou a PRESTAÇÃO da compra de um imóvel são itens praticamente inelásticos, ou seja, seu valor não pode ser reduzido, a menos que se tenha que mudar de casa porque não está dando para aguentar essa despesa.

Em relação ao ALUGUEL, é importante estar atento ao momento do reajuste, pois os contratos preveem índices de reajuste para se manter o equilíbrio no valor do aluguel em relação ao mercado, protegendo inquilinos e proprietários.

No entanto, tem sido comum o descolamento desses índices em relação ao valor de mercado, daí ser necessário haver negociação entre as partes e recomendar-se um acordo, caso contrário valerá até mudar de imóvel, deixando o proprietário cabeça-dura ao sabor desse mesmo mercado, com o imóvel vazio. Caso queiram cobrar multa pela rescisão, procurar um advogado e entrar na Justiça.

Para quem paga CONDOMÍNIO, o importante é acompanhar a evolução das despesas que se refletem no seu valor; porém, isso implica ter que se ocupar do assunto e até mesmo aceitar ser síndico, atividade que não é lá uma tarefa muito agradável...

Em se tratando de Aluguéis ou de Condomínio, quando for cobrada uma multa "contratada", que é sempre absurda, por atraso de um ou

dois dias, vá negociar o abono com o Síndico ou a Administradora. Se após a negociação para aliviar a multa fizerem jogo duro, avise que só irá pagar no mês seguinte. Para você não acontecerá nada, mas quero só ver se o dono do imóvel vai gostar...

Despesas com MANUTENÇÃO da casa e negociação de salários de EMPREGADOS domésticos devem seguir as instruções do capítulo 4, que mostra quais os argumentos corretos para uma negociação.

IMPOSTOS são despesas inelásticas, e a única coisa a fazer é tentar pagar à vista, porque o desconto costuma valer a pena. SEGUROS devem ser cotados por um bom corretor em empresas reconhecidamente idôneas: ninguém torce para acontecer o sinistro; porém, se o destino assim determinar, é bom que a seguradora seja séria e que a cobertura tenha sido bem feita.

ÁGUA, LUZ e GÁS devem e podem ser controlados no dia a dia com todo o rigor, com as conhecidas providências tão bem assimiladas e bem-sucedidas por ocasião do racionamento de energia elétrica. Evitar o desperdício é uma obrigação de todos para benefício do país e ainda poupa para o seu bolso.

TELEFONES são hoje os maiores cupins do Orçamento Doméstico, principalmente por causa dos celulares. Apesar da propalada concorrência entre as operadoras, os reajustes atingem todos os usuários, os quais se tornam presas dos impulsos desnecessários.

O ORÇAMENTO DOMÉSTICO

Vale impedir a promiscuidade no uso entre fixos e celulares, bloqueando as ligações de telefones fixos para celulares, o que inclui bloqueio das abusivas ligações a cobrar.

Evitar o uso desnecessário do celular, cujas ligações custam muito mais que as dos fixos. Lembrar também que a ligação do pré-pago é muito mais cara que a do pós-pago, daí vale a pena estudar como se usa o equipamento para escolher a melhor opção.

> Se a coisa estiver feia mesmo, PARE de usar o celular!

É importante identificar os horários mais baratos consultando as regras operacionais das concessionárias, principalmente nos interurbanos, que, independentemente de promoções momentâneas, têm horários de tarifas com 75% de desconto (super-reduzidas, de 0 às 6 horas), outras com 50% de desconto (das 6 às 7 e das 21 à 0 horas), e as tarifas normais e as diferenciadas com 100% do seu valor (das 9 às 12 e das 14 às 18 horas; portanto, vale evitar estes horários).

A INTERNET é outro problema, pois tem o custo do servidor (se for "grátis", você tem que se sujeitar a alguns contratempos e propagandas invasivas) e da linha telefônica, ainda mais porque todos "esquecem" o computador ligado. Vale estudar sua utilização para tentar otimizar o uso e os sistemas contratados.

Para quem tem o vício de ficar navegando à procura de sites com novidades ou de salas de bate-papo para intermináveis conversas ou

namoro, é bom lembrar-se dos horários mais convenientes com suas tarifas reduzidas.

Os BENS ADQUIRIDOS quase sempre são uma opção sua, a menos que se trate de algum que quebrou e não tenha mais jeito, tipo geladeira ou máquina de lavar.

Outros bens, tipo trocar a TV por um *home theater*, só quando a grana estiver sobrando e a oferta for irrecusável. Mesmo assim, como todos os outros desembolsos, uma compra dessa natureza deve ser planejada antes. A decisão de comprar ou trocar de carro, então, merece especial atenção, pois, se for a prazo, será preciso saber negociar as taxas de juros, senão dança!

COMER

Supermercado	R$ 280,00
Feira	R$ 60,00
Açougue	R$ 18,00
Padaria	R$ 60,00
Refeições	R$ 15,00
Outros	R$ 12,00
Total	R$ 445,00

As despesas com ALIMENTAÇÃO têm peso de 25% no total dos gastos de uma família-padrão brasileira e é um grupo em que se pode fazer muita economia, sabendo administrar as compras.

Por isso mesmo, temos um capítulo só para estudar como economizar neste grupo de despesas, o capítulo 3 — Planejamento das Compras Domésticas, que nos dá importantes dicas e orienta o consumidor a aproveitar as melhores ofertas de SUPERMERCADOS e outros fornecedores, sem cair em armadilhas de marketing. Examine com cuidado como proceder e siga as instruções: há muito espaço para economizar!

O ORÇAMENTO DOMÉSTICO

O item REFEIÇÕES refere-se às despesas de alimentação fora de casa por conta de refeições comerciais, durante o horário de trabalho, muitas vezes subsidiadas por tíquetes de alimentação. Jamais venda seus tíquetes para agiotas, pois estará fazendo papel de otário: qualquer amigo ou parente pode trocar de graça em caso de necessidade, basta um bom papo...

Lembrar que, para quem come pouco, a comida a quilo é mais barata, devendo-se evitar as frutas como sobremesa, porque pesam muito e saem caro. Uma boa dica: as melhores iguarias estão no final da bancada, porque são as que custam mais para o restaurante, que economiza no que custa mais caro.

Despesas com drinques tipo happy hour não podem ser classificadas neste grupo, pois são atividades de lazer; não engane a si próprio.

De uma boa PADARIA ninguém escapa, pelo menos para comprar o pãozinho quente... e só, pois outros produtos são mais caros do que nos supermercados. Estes também têm pão fresco mais barato, mas até chegar em casa de volta ele já esfriou e além de você correr o risco de ir lá comprar pão e sair comprando outras coisas de que nem precisa.

COMO ADMINISTRAR AS CONTAS DA CASA

VESTIR

Roupas de homem	R$	35,00
Roupas de mulher	R$	18,00
Roupas de criança	R$	40,00
Calçados de homem	R$	–
Calçados de mulher	R$	31,00
Calçados de criança	R$	72,00
Outros	R$	–
Total	R$	196,00

A regra geral para economizar em ROUPAS e CALÇADOS já é bastante conhecida: só comprar em liquidações (principalmente roupas e calçados de crianças, que perdem logo no tamanho porque crescem rápido), que costumam acontecer em finais de estação, mais no verão e no inverno, por isso chamadas de fim de estoque.

Convencer as mulheres a comprar depois que passou a moda da estação é meio difícil, mas aí a regra é ter consciência da extrema variação de preços entre lojas e gastar sola de sapato pesquisando e pechinchando. No caso das crianças, é bom resistir aos seus apelos e choros e se lembrar da necessidade de economizar e respeitar o Orçamento Doméstico.

O ORÇAMENTO DOMÉSTICO

IR E VIR

Estacionamento	R$	12,00
Combustível	R$	75,00
Oficina	R$	–
Passagens	R$	8,00
Seguro de Veículo	R$	52,00
Outros	R$	–
Total	R$	147,00

A decisão de ir trabalhar usando carro ou transporte coletivo precisa ser bem avaliada, pois o combustível está ficando cada vez mais caro, além do item ESTACIONAMENTO, que leva uma grana todos os dias.

Quem tem metrô ao alcance não deve vacilar, pois, além de sair mais barato, garante pontualidade nos compromissos sem o estresse do trânsito e da indústria de MULTAS do governo-goela-grande. As PASSAGENS de vans e ônibus também saem bem mais baratas que usar o carro, exceto pelos assaltos em ônibus, caso típico da guerra urbana diária das grandes cidades.

Nos fins de semana, porém, o carro sai à rua e a OFICINA é um item que precisa ser previsto quando se trata de revisões programadas; a manutenção preventiva evita os imprevistos e traz mais segurança, diminuindo o risco de acidentes, o que também contribui para economizar.

COMO ADMINISTRAR AS CONTAS DA CASA

CUIDADOS PESSOAIS

Corte/Escova .... R$	50,00
Manicure .... R$	24,00
Depilação .... R$	18,00
Xampu/Cremes .... R$	45,00
Barba/Cabelo .... R$	12,00
Academia .... R$	60,00
Outros .... R$	–
Total .... R$	209,00

Os itens de despesas em SALÃO, tais como CORTE DE CABELO e ESCOVA, bem como MANICURE e DEPILAÇÃO, também constituem um ralo por onde escoa muito dinheiro, principalmente para quem frequenta salão toda semana. Paciência, pois quem não gosta de uma mulher bem cuidada? A dica é ir ao salão para fazer unhas, cuidar do cabelo ou se depilar somente de 3ª a 5ª feira, dias em que os salões oferecem grandes descontos.

Para economizar, as mulheres podem se cuidar em casa mesmo. Para os homens também vale fazer a barba em casa e basta estender o prazo entre os cortes de cabelo, obedecendo inclusive ao ciclo da lua. Corte entre a lua minguante e a lua nova faz com que o cabelo leve mais tempo para crescer...

Propor a uma mulher para ela deixar de comprar xampus especiais, cremes hidratantes e outros cosméticos afins é arranjar briga na certa ou, no mínimo, declarar uma guerra surda com direito à abstinência sexual e tudo mais. Daí, mais uma vez, paciência, porque pode-se dizer que, devido a essas circunstâncias, na prática, esse é um item de despesa inelástico...

O item ACADEMIA DE GINÁSTICA poderia ser classificado também em Saúde ou Lazer, porém a grande motivação de hoje em dia está

O ORÇAMENTO DOMÉSTICO

por conta das expectativas de esbeltez masculina e feminina, e todos querem malhar para ficar em forma, o que, aliás, é uma prática bastante saudável. Ficar atento com quem se candidatar na família a pagar matrícula e a mensalidade da academia, pois não poderá saltar fora.

ESTUDAR

Colégio................................	R$	212,00
Faculdade	R$	–
Material escolar...............	R$	21,00
Cursos................................	R$	–
Livros.................................	R$	25,00
Jornais e revistas	R$	33,00
Mesada/Merenda	R$	40,00
Outros...............................	R$	–
Total	R$	331,00

Dinheiro gasto em estudo não deve ser considerado despesa: é INVESTIMENTO!

Quem tem filhos em COLÉGIO particular precisa aguentar a barra, porque vai ter que saber negociar anualmente os reajustes, inclusive com ameaças de largar a escola. E o ensino público nessa fase deixa a desejar, com raras exceções.

Quando tiver mais de um filho no mesmo colégio, terá que fazer valer seu poder de mercado e pedir uma redução para o segundo filho de pelo menos 20% na mensalidade, e, com mais filhos, mais outros descontos em progressão.

COMO ADMINISTRAR AS CONTAS DA CASA

Quando chegar a hora da FACULDADE, exija que seja uma do Governo, que, além de ser gratuita em geral, tem bom ensino. As que são pagas, as particulares, custam uma grana e nem todas são lá muito boas, o contrário do que acontece no ensino fundamental.

É difícil passar no vestibular para uma faculdade pública, uma injustiça aliás, pois quem menos precisa é quem entra. Deviam ser todas pagas para quem pudesse pagar e ter bolsa de estudos para quem precisasse e merecesse pelo seu desempenho lá dentro. Por enquanto, não adianta chorar: é preciso botar a moçada para estudar e passar no ENEM ou no vestibular de uma faculdade pública.

Todo ano aparece a tal lista de MATERIAL ESCOLAR e haja grana para atender aos pedidos dos colégios, principalmente porque todo ano mudam os livros escolares e fica difícil aproveitar os livros entre irmãos. Se houver paciência para examinar os livros pedidos, até dá para usar, mas é preciso que os filhos vadios os aceitem sem reclamar, para depois não botar a culpa de maus resultados nesse fato. Vale a pena que grupos de pais de alunos comprem em conjunto para obter bons descontos diretamente das editoras.

Os LIVROS, JORNAIS e REVISTAS são indispensáveis para uma boa educação, mas é importante fazer uma seleção dessas leituras para escolher bons jornais e revistas.

> "QUEM NÃO LÊ, MAL FALA, MAL OUVE, MAL VÊ."

O ORÇAMENTO DOMÉSTICO

Nada de comprar revistas de fofocas e de novelas, pois há coisa muito melhor nas bancas de jornais. Quanto a livros, vale observar: dinheiro gasto em bons livros que sejam lidos não deve ser considerado despesa, pois é também investimento.

Os CURSOS de línguas já são indispensáveis, principalmente de inglês, mas os pais devem cobrar resultados dos filhos e não dar moleza, senão será dinheiro jogado fora. Vale a pena fazer curso de informática para iniciantes, pois quem não sabe computação e não navega na internet "tá fora".

Para ensinar os filhos desde pequenos a lidar com as suas contas, é bastante interessante dar uma MESADA, que representa um miniorçamento para a garotada. Com isso eles ficam logo sabendo o valor do dinheiro, pois se acabar antes da hora vão tomar mais cuidado no mês seguinte. Quem ganhar mesada não deverá receber nada por conta da MERENDA, cujo valor mensal deve estar incluído nas contas previstas. Vale a pena ensinar a garotada a lidar com as dificuldades que irão surgir.

SAÚDE

Seguro-saúde.............	R$	163,00
Seguro de vida............	R$	–
Médicos.....................	R$	–
Psicólogo...................	R$	–
Dentista....................	R$	75,00
Fisioterapia................	R$	30,00
Exames......................	R$	–
Farmácia....................	R$	62,00
Outros.......................	R$	17,00
Total.........................	R$	347,00

Todo mundo hoje tem que ter SEGURO-SAÚDE, pois o Governo não atende a contento. Um consolo é que, dentre os benefícios que as empresas dão aos seus funcionários, o mais comum é a adesão a um Plano de Saúde, com extensão aos dependentes; isso se torna vantajoso, pois assim não se gasta com esse importante item de despesa.

SEGURO DE VIDA deve ser feito por quem tem responsabilidades familiares, para não correr riscos e largar os membros da família neste mundo agressivo e violento em que vivemos. Como sempre, é indispensável a escolha de um corretor idôneo e de confiança.

MÉDICOS e DENTISTAS, quando escolhidos particularmente por questão de confiança, e não pagos por Planos de Saúde, podem custar caro. No entanto, ninguém deve ter pudores de chorar por descontos, pois a vida está cara para todos e há a tendência de ser descontada no

cliente particular a raiva que eles têm dos Planos, que pagam pouco, desmerecendo suas qualificações.

PSICÓLOGOS e FISIOTERAPEUTAS costumam estender seu atendimento por muitas sessões até o cliente estar curado ou receber alta, por isso é válido negociar um pacote com boa redução no preço unitário das sessões.

EXAMES pagos à parte dos Planos são despesas inelásticas, mas vale pesquisar preços entre laboratórios e clínicas idôneas para obter maior vantagem.

Os preços de remédios nas FARMÁCIAS estão sujeitos a grandes variações, daí ser indispensável pesquisar, pechinchar e comparar com outros, sempre comparando os produtos de laboratórios idôneos. Cuidado com a prática da "empurroterapia" dos atendentes de farmácias inescrupulosas, que tentam empurrar produtos sem qualidade para ganhar comissões.

O ORÇAMENTO DOMÉSTICO

LAZER

TV a cabo	R$	–
Locadora	R$	24,00
CDs/DVDs	R$	15,00
Restaurante	R$	90,00
Cinema	R$	28,00
Teatro	R$	–
Shows/Eventos	R$	–
Clube	R$	40,00
Viagens	R$	–
Outros	R$	–
Total	R$	197,00

TVS A CABO e LOCADORAS, na prática, são concorrentes, por isso devem ser bem avaliadas as condições de uso desses serviços para não haver desperdícios, pois não adianta assinar o serviço e não ter ninguém usando. Fazendo as contas, vai-se ver que o custo diário é grande se não houver amortização dos valores pagos.

O CINEMA também sofre essa concorrência como programa, mas é muito melhor assistir a filmes recém-lançados nas salas de projeção do que ser interrompido em casa por crianças e telefonemas. Quem se dispuser a economizar deve escolher dias de semana em que as promoções às vezes chegam a até 50% de desconto.

TEATROS têm seu público cativo; o problema é o preço nos fins de semana, muito mais caro que nos dias em que não podemos ir, aliás, quase sempre uma única 5ª feira...

SHOWS de cantores famosos muitas vezes podem ser vistos de graça, em promoções populares; portanto, se o objetivo for economizar, basta ter paciência. O mesmo se passa com os EVENTOS do tipo exposições e feiras, que muitas vezes oferecem entrada gratuita.

Comprar CDs e DVDs só mesmo para quem tem grana, ainda mais agora que sempre há um amigo rico que já tem tudo em casa e poderá lhe emprestar o que você quiser. Os maiores interessados, a garotada, têm tempo para ficar esperando tocar na rádio e gravar.

Quem frequenta um CLUBE sempre tira muita vantagem de tudo que lhe é oferecido por uma taxa de manutenção razoável, mas, para quem não vai nunca, o valor é muito alto e torna-se um desperdício; portanto, avalie essa situação e tome as devidas providências.

Lembre que a praia é uma diversão saudável, gratuita e que ajuda a economizar nas atividades de lazer, se a família for controlada e não comprar sorvetes, refrigerantes e outros supérfluos. Se for o caso, leve de casa num isopor!

Talvez a mais agradável atividade de lazer seja VIAJAR, o que implica planejar antecipadamente os gastos e poupar para pagar à vista.

> ATENÇÃO: Quem já viajou a prazo pode dar testemunho de quanto dói pagar prestações depois de ter consumido o prazer da viagem, além de ter que pagar juros.

O ORÇAMENTO DOMÉSTICO

DESPESAS FINANCEIRAS

Imposto de renda a pagar...............R$	–
Juros de empréstimos bancários...R$	61,00
Juros de cheque especial ....R$	43,00
Juros rotativos de cartão de crédito..R$	14,00
Anuidades de cartão de crédito....R$	22,00
Multas por atrasos diversos...........R$	12,00
Tarifas bancárias.............................R$	18,50
Outros..R$	–
Total ....R$	170,50

Essas despesas são os cupins que corroem, dia a dia, o seu rico dinheirinho; por isso, todo esforço deve ser feito para eliminar o mais rápido possível os fatores causadores desses problemas que podem se tornar fatais.

> Para tentar escapar das despesas classificadas neste grupo, é indispensável ler atentamente as dicas e instruções do capítulo 7, que trata dos Cuidados ao Tomar Empréstimos Bancários.

Quanto ao IMPOSTO DE RENDA A PAGAR, trata-se da complementação, se for devida, dos valores que no ato do recebimento dos salários foram descontados na fonte. Esses valores, depois de notificados, não têm mais como ser economizados. Pague numa boa, feliz da vida, pois é sinal de que você ganhou dinheiro; aliás, é o imposto mais justo, pago somente por quem tem alguma renda de trabalho ou de aplicações financeiras ou por conta de algum lucro na venda de bens.

Tempos atrás inventaram a tal Contribuição Provisória (?) sobre Movimentações Financeiras, uma mordida a mais que o governo dizia que era para aplicar na Saúde. Tudo conversa fiada... Depois de algum tempo descobriu-se que o dinheiro era desviado para outros fins. A voz do povo fez-se ouvir e a malfadada CPMF foi extinta...

Seu único mérito, além de encher as burras do erário, era identificar, pela sua cobrança, os sonegadores e o dinheiro frio que circula na

COMO ADMINISTRAR AS CONTAS DA CASA

Economia; porém, para isso, não precisava ter uma alíquota alta e que entrava a produção do País, aumentando o desemprego.

Por causa da vulnerabilidade da nossa Economia, os juros no País são muito altos para atrair especuladores internacionais, quando deveriam ser baixos para atrair investidores externos, tudo de acordo com a história do playboy que pode ser lida no capítulo 5, em que se mostra por que com juros altos não há país que vá para a frente.

Assim, com essa desculpa esfarrapada, os JUROS DE EMPRÉSTIMOS BANCÁRIOS no Brasil são altíssimos e quase impagáveis. Daí, quem cair nas malhas dos bancos vai ficar mal de vida, muito mais ainda quem estiver endividado no CHEQUE ESPECIAL ou nos JUROS DOS ROTATIVOS DE CARTÃO DE CRÉDITO, correndo na frente de uma bola de neve.

> Quem estiver endividado no Cheque Especial ou no Cartão de Crédito deverá deixar esses dois perigosos e sedutores instrumentos de *marketing* em casa.

O ORÇAMENTO DOMÉSTICO

Sobre TARIFAS BANCÁRIAS é sempre bom lembrar que existe uma pequena concorrência entre o Cartel dos Bancos e por isso é possível negociar e escolher onde operar com tarifas mais baratas, sem nenhum receio de mudar de banco.

Essa prática de inscrever nos cheques a "data desde quando você tem conta no banco" foi criada para você ficar escravo de suas tarifas por medo de ir para uma conta nova em outro banco, mas não adianta nada: se faltar um saldinho na sua conta, vão devolver o cheque do mesmo jeito e botar a culpa no Sistema, já que os bancos parecem não ter mais funcionários para realmente atender aos clientes...

Quanto às MULTAS POR ATRASOS DIVERSOS, é importante lembrar que um só dia de atraso pode lhe dar um grande prejuízo, por isso trate de se organizar e de não se esquecer das datas de vencimento.

Nesses casos, em se tratando de Aluguéis ou Condomínio, se após negociação para aliviar a multa fizerem jogo duro, avise que só irá pagar no mês seguinte, pois não acontecerá nada! Quero só ver se o locador vai gostar...

SEGUNDA FASE: APURAÇÃO DAS DESPESAS DE UM MÊS

Após o primeiro "chute orçamentário", e sabendo identificar as despesas, começará a 2ª fase, que se constitui de uma apuração mais cuidadosa do que se está gastando. Isso porque agora os gastos serão anotados sem "chute", constituindo a realidade das despesas do mês.

As tarefas terão que seguir uma rotina de força de vontade e propósito familiar, com a participação de todos os envolvidos, de modo a se identificar a realidade do que se passa na economia da casa.

Nesta fase será necessário passar por essas etapas de coletas de informações para depois descobrir qual é o ralo por onde sai o dinheiro da família. Após identificadas, as despesas serão anotadas e classificadas nos grupos da forma que acabamos de ver.

Esses valores devem ser classificados nos grupos conforme a sua natureza e registrados na PLANILHA DE ORÇAMENTO, que servirá para futura análise no fim do mês.

Quanto à Receita, todo mundo sabe que é bem mais fácil controlar: em geral é salário, renda ou faturamento.

Não é preciso exagerar no rigor das providências, mas o ideal é que, no início do mês escolhido para começar, em reunião, pelo menos, uma vez por semana (o mais fácil é às segundas-feiras), sejam anotadas as despesas efetuadas na semana que passou por todas as pessoas envolvidas.

Se não der para reunir o pessoal semanalmente, não desanime: faça uma sim, uma não, desde que cada um tenha lembrança dos seus gastos e leve os valores para a "central de controle".

> É preciso se adaptar às condições possíveis para não haver desânimo, pois essa tarefa deve durar o mês inteiro.

Após esse mês de apuração, estará cumprida parte da 2ª fase do processo e com isso estará dado o passo inicial para mais adiante entrar na 3ª fase e ser preparado o primeiro Orçamento Doméstico para valer...

COMPARANDO O "CHUTE" COM O QUE ACONTECE DE FATO

Passado esse mês de relativo estresse (pois surgem muitas discussões familiares durante as reuniões de apuração), as despesas apuradas durante as semanas já deverão estar organizadas, discutidas e anotadas na respectiva Planilha Orçamentária.

Será então possível comparar aquele rascunho anterior feito na 1ª fase, na base do "chute", com o que realmente aconteceu e foi registrado na Planilha preenchida nesta 2ª fase.

O ORÇAMENTO DOMÉSTICO

Tecnicamente, pode-se dizer que se está fazendo a primeira comparação de um "Previsto" com um "Realizado", momento em que muitos vão tomar um grande susto. Neste caso, o Previsto terá sido aquele feito no "chute" e o Realizado, aquele do primeiro mês de apuração semanal, quando tudo começou a ser organizado.

Com certeza, ninguém podia imaginar que havia tantas despesas desnecessárias ou supérfluas que poderiam ter sido evitadas e direcionadas para melhor aproveitamento.

> Calma: o susto que você tomará ao descobrir
> o quanto se gastou sem precisar é muito comum,
> pois acontece com todo mundo!

TERCEIRA FASE: O ORÇAMENTO PARA VALER OU COMO PLANEJAR E CORTAR DESPESAS

E agora, que providências tomar a partir daí?

Agora vai-se passar para a 3ª fase, aquela em que será feito um Orçamento Doméstico para valer, com todas as regras e dicas para o controle das contas da casa funcionar "numa boa".

De acordo com a identificação e separação das despesas nos grandes grupos, agora será muito importante analisar tudo que foi gasto no mês que passou para tentar cortar despesas.

Porém, o que aconteceu "já era", como vai dizer a garotada ao se reclamar dos gastos supérfluos que foram sendo observados. Bola pra frente! O fato é que existiam muitas despesas desnecessárias que ninguém notava. A partir daí, no entanto, deve ser feita uma programação com base no que foi identificado e devem ser enxugados todos os gastos feitos sem controle.

COMO ADMINISTRAR AS CONTAS DA CASA

Todas as despesas aprovadas para o mês seguinte, conforme a análise do que se viu no mês passado, e outros novos gastos que sejam necessários devem ser registrados no Orçamento para o mês seguinte.

Conforme a identificação e o exame que foram feitos para a boa administração das despesas de cada grande grupo, todo gasto deverá passar por uma análise criteriosa e, se possível, sofrer cortes programados para o mês que vai entrar.

Os valores assim projetados deverão ser aprovados por todos, constituindo os limites para todas as despesas que poderão ser efetuadas no próximo período de um mês.

Este será o seu Orçamento Doméstico, aquele que deverá ser obedecido, acompanhado e ajustado mês após mês. Será o instrumento que irá dizer quanto pode ser gasto em cada item de despesa da casa. No fim do mês, terá que SOBRAR DINHEIRO!

Por exemplo: se "aquela" despesa relativa à compra de um velocípede novo para o seu filho não estiver programada, nada feito! Você não deverá comprá-lo, senão irá estourar o Orçamento! Deverá esperar essa despesa estar programada no tempo devido.

Outro exemplo: se no meio do mês já tiver sido gasto o valor previsto para aluguel de fitas de vídeo, já era: não se pode mais gastar em aluguel de fitas até o mês que vem!

No entanto, é evidente que algumas despesas não previstas acabarão acontecendo, como o caso de alguma consulta médica de emergência ou do carro que pifou e teve que ir para a oficina, mas isso faz parte do jogo. Está visto como deve funcionar a coisa? O Orçamento Doméstico tem que ser respeitado sempre para se obter o efeito desejado e valer como instrumento de controle.

E o mais importante: o Orçamento Doméstico deverá estar projetando um Saldo positivo, isto é, as Receitas previstas menos as Despesas previstas deverão resultar num Saldo para aplicação como investimento. Caso contrário, a coisa ficará feia e providências drásticas terão que ser tomadas!

O ORÇAMENTO DOMÉSTICO

ADMINISTRANDO O ORÇAMENTO COM SUCESSO

Após a 3ª fase, que estruturou o Orçamento propriamente dito, mostrando a previsão de Receitas e Despesas que deverão acontecer no mês seguinte, resta acompanhar de perto como a coisa vai funcionar.

Os valores previstos existem para ser respeitados e obedecidos, mas o acompanhamento será indispensável para saber se se está "dançando conforme a música", isto é, se o que foi orçado foi cumprido.

O problema é que raramente é isso que se passa, pois o cotidiano é cheio de surpresas e os valores podem variar bastante, de acordo com situações de momento, com os imprevistos bagunçando o controle.

É, então, fundamental fazer o acompanhamento do Orçamento Doméstico, verificando os valores de fato acontecidos para comparar com os valores que estavam previstos. As diferenças verificadas ao comparar os valores previstos com o que acabou acontecendo vão mostrar o quanto é preciso melhorar as previsões feitas.

Importante lembrar que o Orçamento Doméstico aprovado deve ser obedecido, de modo a não serem feitas maiores concessões a gastos não orçados, no mínimo para que de outra vez se capriche mais na previsão. Afinal de contas, as famílias não podem proceder como os governos, que são useiros e vezeiros em gastar mais do que arrecadam! Tem que SOBRAR DINHEIRO!

> Uma contínua utilização do Orçamento Doméstico para uma boa administração das contas familiares será possível pela aplicação dos conceitos e procedimentos apresentados nos capítulos seguintes, de modo a melhorar cada vez mais a sua atuação como instrumento de equilíbrio financeiro.

Com certeza os bons resultados obtidos serão comemorados: ou pela maior sobra de recursos para aplicação ou, pelo menos, por uma redução de despesas com o intuito de diminuir progressivamente os saldos negativos. Tem que SOBRAR DINHEIRO!

EXEMPLO DE UM ORÇAMENTO BÁSICO

Segundo pesquisas recentes, grosso modo, a estrutura orçamentária de uma família-padrão brasileira tem suas despesas distribuídas com os percentuais:

30% para moradia
25% para alimentação
12% para saúde e higiene pessoal
15% para transportes
8% para educação e cultura
5% para lazer
5% para gastos diversos

Claro que esses percentuais referem-se a um consolidado médio de todas as famílias brasileiras, cujas estruturas de gastos podem variar conforme a classe social. Como o nosso país tem uma baixa renda *per capita*, as necessidades básicas, como moradia e alimentação, pesam muito mais nas classes de renda mais baixa e influenciam bastante essa média.

No entanto, cada Família que partir para a estruturação do seu Orçamento Doméstico terá uma participação percentual de despesas, distribuídas nos grandes grupos, de acordo com a sua condição socioeconômica.

Como vimos, listar Receitas e Despesas, mais do que um cuidado necessário, pode ser uma caixinha de surpresas, especialmente para marinheiros de primeira viagem.

A diferença entre os valores orçados e os que realmente são gastos pode ser muito grande. Com a experiência adquirida, a diferença vai diminuir. No entanto, dificilmente desaparecerá devido aos imprevistos,

O ORÇAMENTO DOMÉSTICO

pois, na prática, as Receitas tendem a diminuir enquanto as Despesas quase sempre aumentam...

> Uma PLANILHA DE ORÇAMENTO EM BRANCO,
> da qual você deverá tirar várias cópias, bem como
> a PLANILHA MODELO PREENCHIDA
> como exemplo encontram-se no APÊNDICE.

A leitura, a seguir, de artigos publicados originalmente no *Jornal do Brasil* (RJ), aqui atualizados, que tratam do assunto com experiências práticas, permite que se entre no espírito da coisa!

☞ "CONTROLANDO OS IMPULSOS CONSUMISTAS"

O dilema é antigo, mas a indefinição persiste por toda a nossa vida. O apelo do consumidor é massificante, e é um tal de a gente sair gastando à toa por aí, comprando toda sorte de quinquilharia, que não sobra nada para poupar.

Se quando nada sobra já é ruim, imagine quando a gente entra no cheque especial ou fica devendo no cartão de crédito. A procura do equilíbrio é tarefa inglória, exigindo uma mudança de comportamento, um total controle sobre impulsos consumistas e perfeita administração das datas tradicionais de compras.

Um consumo por tradição seria por conta daquelas ocasiões em que somos compelidos a consumir por causa de datas comemorativas: Natal, Páscoa, Dia das Mães, Dia dos Pais, Dia das Crianças (essa recente pressão consumista, difícil de negociar com a ditadura dos baixinhos), Dia de Finados (o preço das flores sobe uma barbaridade e, se bobear, reflete no índice de inflação) e tantos aniversários (conheço gente que

COMO ADMINISTRAR AS CONTAS DA CASA

comemora o aniversário do cachorro, do automóvel e do dia que acabou de pagar o apartamento).

Pergunto eu: Que justificativa racional existe para essa febre de presentes e de gastos? Por que sair correndo para comprar, provocando aumento de preços e inflação? Como vocês já sabem, eu só compro ovo de Páscoa no dia seguinte, quando os preços já caíram pela metade e tanto faz a grife do chocolate, desde que seja de boa qualidade, nunca a da mais cara franquia de deslumbrados emergentes. E por acaso as crianças já sabem a diferença de qualidade? Elas querem é a farra de procurar os ovinhos escondidos, coisa que os pais têm preguiça de fazer...

Impulso consumista seria o consumo desmesurado, compulsivo e irracional, que, às vezes, até tem algo de tradição no comportamento. Já pensaram quanto custa uma indumentária feminina para ir a um casamento? O tal vestido para o casamento e seus acessórios saem hoje, em média, na base de uns R$ 1.000,00, para serem gastos provavelmente em uma única vez, pois não há mulher que aceite repetir vestido em casamento.

Já pensaram quanto renderiam esses R$ 1.000,00 numa aplicação pelo resto da vida? E aposto que, em vez da sua ida ao casamento, os noivos negociariam sua ausência por uns R$ 200,00 em dinheiro e nunca mais esqueceriam essa ajudazinha...

Na compulsão ao consumo pela boca, quando um casal vai a uma churrascaria rodízio, com alguns chopes e sobremesa, deixa lá, após gorjeta, cerca de R$ 80,00. Se fosse a um fast-food comer um hambúrguer com refrigerante e sorvete, sobrariam R$ 70,00 para botar na poupança...

Consumir para adquirir status é outra bobeada. Com o advento das novidades no mundo da informática, fica feio não ter o seu Laptop ou um Tablet, apesar de ter um PC em casa. E, agora, tem que ser um iMac com Intel Core, e também um Smartphone e uma TV de 42 polegadas com tecnologia 3D. E ainda uma máquina fotográfica digital para depois passar as fotos para o seu computador. Para que tudo isso para alguém que não sabe nem sair de uma tela congelada ou que, no final de um texto, deleta tudo distraidamente e fica uma fera porque não consegue navegar na internet?

O ORÇAMENTO DOMÉSTICO

Se fizer as contas, os mais de R$ 20.000,00 dessa parafernália computadorizada dobrariam seu valor em quatro anos depositados em fundos de investimentos nas sempre maiores taxas de juros do mundo, aqui vigentes, enquanto aplicamos em equipamento ocioso, que nada mais valem após dois anos de obsolescência.

Por essas e outras é que é preciso ter cuidado com o que se gasta para que se possa dar melhor destino ao dinheiro que sobrar, ou, mais importante ainda, se for o caso de faltar dinheiro, não cair na armadilha dos cheques especiais.

☞ "RESPEITO AO ORÇAMENTO AGORA É FUNDAMENTAL"

Uns e outros já devem estar nos achando repetitivos e desagradáveis de tanto falar em compras a prazo, em taxas de juros e aplicações na poupança. Mas é que estamos numa cruzada pela conscientização e esclarecimento de fatores e situações que eram despercebidos, ou não tinham tanta importância porque a inflação era alta. Teremos que viver dentro do há muito esquecido Orçamento Doméstico, cujos dois lados conhecidos a serem considerados merecem agora muito mais respeito: o lado das Despesas e o das Receitas.

O respeito ao Orçamento Doméstico agora é fundamental por duas razões: tanto a despesa quanto a receita devem ser planejadas com bastante exatidão por conta da estabilidade econômica. Está muito difícil aumentar as Receitas porque os salários estão comprimidos ao máximo, exceto os dos marajás e os dos favorecidos pelo cumprimento com o chapéu alheio, pois depois do juiz Lalau foi-se a moral.

Quanto às Despesas, todos nós sabemos ser praticamente impossível segurar os preços dos oligopólios e cartéis que tentam, sempre que possível, driblar, com artifícios de marketing e de "novos" produtos, os esforços para conter os gastos.

Neste ponto, cabe esclarecer que as compras a prazo, com as exorbitantes taxas de juros cobradas nas vendas financiadas, se refletem no orçamento de despesas como fator de desequilíbrio futuro.

COMO ADMINISTRAR AS CONTAS DA CASA

Assim, se alguém comprar um produto de R$ 100,00 à vista nas taxas vigentes de 10% ao mês do cheque especial, ao final de seis meses o valor a pagar será de R$ 177,20, e na taxa de 13% ao mês será de R$ 208,20, o que significa que comprou um produto, mas pagou como se tivesse comprado dois.

No uso de cartão de crédito é preciso também muito cuidado com qualquer atraso por causa das multas e juros. Os cartões cobram juros muito altos, e quando a fatura não chega, e simplesmente informam aos seus usuários devedores que "se virem" para pagar em boletas avulsas (como se elas estivessem disponíveis a tempo e a hora, sem filas nos bancos, e isso não desse trabalho) e telefonem para saber seus débitos (como se os telefones deles atendessem a tempo e a hora, sem musiquinhas ou festival de aperto de teclas).

E as taxas de juros do crédito rotativo? Não dá para acreditar que insistam em taxas acima de 10% ao mês! Entra ano, sai ano, e as taxas continuam as mesmas. O problema é que quase todos os cartões pertencem a bancos e, aí, já sabe como é...

Não custava nada um pouquinho de sensibilidade para esses gênios de marketing e orgulhosos captadores de clientes consumidores. Que tomem cuidado, porque não vai ter ninguém para defendê-los quando um dia o governo-goela-grande também se meter no assunto.

Não vai adiantar chorar sobre o leite derramado por eles mesmos, tirando leite da boca de crianças de muitas famílias de pobres-usuários-pobres revoltados, principalmente das classes menos favorecidas e esclarecidas, que não sabem o poder corrosivo dos juros. Mas o mercado ainda vai ser grande o suficiente para deixar surgir uma concorrência mais consciente e menos predatória. A esperança é a última que morre...

Pois bem: já começou. Os bancos oficiais baixaram muito as taxas de empréstimos e os particulares tiveram que baixar "um pouquinho" suas taxas, pois com juros baixos os menos favorecidos se endividaram mais e a inadimplência cada vez aumenta mais... Falta ainda intervir nos financiamentos rotativos dos cartões de créditos que ainda cobram taxas escorchantes...

2
CÁLCULO DA SUA INFLAÇÃO FAMILIAR

Quando o seu Orçamento Doméstico já estiver organizado e funcionando a contento, com a sua estrutura de despesas bem definida, será possível avaliar a sua condição familiar de convivência com a inflação e partir para o cálculo de um índice particular que represente a realidade da inflação existente na sua Economia Doméstica.

A inflação de cada família pode ser bastante diferente, de acordo com suas variadas estruturas de despesas. Os diversos itens que compõem as despesas de cada família são próprios do seu estilo de vida e da sua situação econômica.

É fácil entender que a alimentação, por exemplo, pesa muito mais para uma família com rendimentos de 3 salários mínimos em comparação com outra de 40 salários mínimos. Nesta última, o peso das mensalidades das escolas particulares sobrecarrega o Orçamento Doméstico muito mais que a alimentação.

No nosso caso, para começar a se entender os índices e suas participações relativas, de modo a se poder avaliar qual a inflação de cada diferente núcleo familiar, é fundamental começar por desenvolver uma boa noção de porcentagens e percentuais.

OS PERCENTUAIS

Os percentuais e as porcentagens frequentam o nosso cotidiano de maneira impressionante: em todos os segmentos de informação em que dados necessitem ser veiculados, algum percentual ou alguma porcentagem irá dar o ar de sua graça.

Para começo de conversa, basta lembrar que as taxas de juros são sempre expressas em percentuais, os quais, aplicados sobre o capital, representam as porcentagens resultantes. Mais ainda: quase todas as calculadoras, financeiras ou não, apresentam uma tecla especial para registrar o percentual, caracterizado pelo símbolo %.

Nas operações comerciais, o lucro é sempre expresso em percentuais, seja para registrar o lucro sobre o preço de custo (*mark up*) ou para o lucro sobre o preço de venda (margem), como pode ser visto no capítulo 9.

Em geral, os percentuais conseguem comunicar mais facilmente relações aritméticas nos negócios, nas estatísticas e nas notícias.

Se nos detivermos nos jornais diários para prestar atenção na quantidade de referências que são feitas em percentuais ou porcentagens, para qualquer assunto, ficaremos espantados com a "ditadura percentual" em que vivemos, o que muitas vezes implica omissão de informações quantitativas importantes.

IDENTIFICAÇÃO DA ESTRUTURA DE DESPESAS DA FAMÍLIA

Cada família tem a sua própria estrutura de despesas, característica de seu modo de ser e padrão de vida, que nunca coincide com a estrutura padrão da família teórica criada para calcular os índices oficiais. Essa família deve ter representada a média estrutural de despesas de uma família brasileira. Daí a confusão e a dificuldade de aceitar índices que nem sempre coincidem com os dados de realidade das famílias comuns...

CÁLCULO DA SUA INFLAÇÃO FAMILIAR

Assim, uma família constituída por um casal novinho com filhos pequenos na creche ou na escola tem maior preocupação com os aumentos nos produtos alimentares, nas anuidades escolares, nos aluguéis, no lazer, nos custos de transportes. Por outro lado, um casal de velhinhos aposentados, com filhos criados, morando em casa própria e recebendo a visita dos netos no fim de semana, só tem preocupação com o aumento dos remédios e dos planos de saúde.

Segue uma historinha familiar bem ilustrativa. Naqueles tempos de inflação, sabendo da minha atividade no governo fazendo controle de preços e sempre acompanhando o mais tradicional dos índices, o IGP-DI da Fundação Getúlio Vargas, minha mãe pegava o telefone logo que era publicado o IGP do mês anterior e me fazia sempre a mesma pergunta:

> "Ô, meu filho, dá para me dizer onde fica a feira da Fundação?"
>
> "Ué, mãe, de novo? Por que a senhora sempre pergunta a mesma coisa?"
>
> "Porque eu quero fazer as minhas compras lá, pois na feira da minha rua os preços subiram muito mais!"

Era um caso típico da sua inflação familiar, em que o item alimentação pesava muito mais. Não dava para ela entender a composição de um índice de uma família-padrão que comportava aumento de gasolina, para quem não tinha carro, ou do cigarro, para quem não fumava.... Para ela só interessavam os preços da feira.

COMO ADMINISTRAR AS CONTAS DA CASA

Saber avaliar a importância relativa dos grupos de despesas que compõem o Orçamento Doméstico é fundamental para determinar quais são os reflexos dos aumentos de preços numa economia familiar. A partir daí é possível se fazer um cálculo aproximado da inflação própria de cada família. À medida que o Orçamento Doméstico for sendo administrado a contento, quanto mais representativo da realidade ele for, mais será possível se aferir o índice próprio de inflação a cada mês.

PARTICIPAÇÃO RELATIVA DAS DESPESAS NO TOTAL

Examine o seu Orçamento Doméstico e verifique os percentuais de participação de cada despesa ou grupo de despesas no total de seus gastos. Compare esses percentuais. Identifique quais os grupos que têm maior participação e faça uma lista decrescente dos seus percentuais, de modo a ficar conhecendo o que pesa mais nas suas despesas.

No mês seguinte, já com os dados do Orçamento Doméstico realizado, compare os valores de cada grupo de despesas com os do mês anterior para descobrir qual foi a sua variação de um mês para outro. É muito importante comparar quantidades iguais, pois, se houver variação na quantidade, o conceito será outro e passará a existir uma mudança de estrutura.

Um exemplo gritante: se nascer mais um filhote na família, com certeza as despesas relativas às fraldas, roupas, babá, pediatra, vacinas... xiiii... vão afetar e mudar a estrutura do seu Orçamento Doméstico, que passará para outro patamar, o que não significa obrigatoriamente que tenha havido inflação ou aumento de preços que tenham impactado as suas despesas.

Conclusão: não basta comparar as despesas do mês atual com as do mês passado, pois poderão aparecer gastos extraordinários (eventuais ou de mudança de estrutura) que irão distorcer a realidade. De fato, só após alguns meses de tentativas e experiência, vai-se conseguir a necessária sensibilidade para avaliar e aferir o seu índice próprio de inflação familiar.

APURAÇÃO DA VARIAÇÃO DO ÍNDICE

Após cumpridas essas trabalhosas tarefas recomendadas para a confecção do seu Orçamento Doméstico no capítulo anterior, pode-se partir para a apuração da variação de preços, para ver se houve inflação na sua estrutura de despesas.

Selecionados e filtrados, nos Orçamentos já realizados, os grupos de despesas que serão avaliados, divida o grupo do mês em estudo pelo respectivo grupo do mês anterior. O resultado será um coeficiente de comparação de dois valores que inclui a soma da variação à base do cálculo, donde se diminui 1 (para excluir essa base) e multiplica-se por 100 (para obter o percentual de variação).

Da mesma forma, depois dessas avaliações parciais poderá ser calculado o quociente dos totais depurados de cada mês. O resultado refletirá o índice de inflação familiar na passagem de um mês para outro. Ao final de um ano de filtragens e acompanhamento, será possível determinar a inflação anual da família.

Não se pense que essa avaliação da própria inflação é uma tarefa fácil, mas pode-se afirmar que, quem se dedicar à análise e estudo detalhado da estrutura de um Orçamento Doméstico bem administrado e a cada mês filtrar a ocorrência de despesas eventuais será bem-sucedido e terá como recompensa uma vida familiar mais estável e direcionada para os objetivos almejados.

CARACTERÍSTICAS DOS ÍNDICES OFICIAIS

São vários os índices que medem a inflação na nossa Economia. Dizem os economistas que, a longo prazo, todos os índices tendem a convergir para um mesmo número, porém isso nem sempre acontece por causa de características próprias na estruturação e nas coletas de preços, conforme os critérios adotados pelos diferentes índices.

A seguir os índices oficiais mais considerados na Economia do país, com suas características fundamentais.

COMO ADMINISTRAR AS CONTAS DA CASA

IGP-DI — Índice Geral de Preços — Disponibilidade Interna, da Fundação Getúlio Vargas:
O mais tradicional; durante muito tempo o índice oficial de inflação, com uma série histórica respeitada apesar de algumas interferências governamentais ao longo da sua existência, tem período de coleta do dia 1º ao dia 30 do mês de referência.
É composto de três outros índices: 60% pelo IPA (Índice de Preços por Atacado), 30% pelo IPC (Índice de Preços ao Consumidor) e 10% pelo INCC (Índice Nacional da Construção Civil). Sofre muita influência da variação cambial por causa da grande participação dos preços de atacado.

IGP-M — Índice Geral de Preços de Mercado, da Fundação Getúlio Vargas:
Tem a mesma metodologia de cálculo do IGP-DI, mas como foi criado para servir como indexador do Mercado Financeiro e atender à necessidade de divulgação no último dia do mês, tem período de coleta do dia 21 do mês anterior até o dia 20 do mês de referência.

IPC/FIPE — Índice de Preços ao Consumidor, da Fundação Instituto de Pesquisas Econômicas de São Paulo:
Processa uma pesquisa de preços que reflete a variação apenas em São Paulo, baseada na estrutura de consumo de uma família que ganha até 20 salários mínimos. Tem como característica diferencial a divulgação semanal da variação ocorrida no período de coleta das quatro semanas anteriores.

IPCA/IBGE — Índice de Preços ao Consumidor Amplo, do IBGE — Instituto Brasileiro de Geografia e Estatística:
Atualmente é o índice que mede oficialmente a inflação do país e registra a variação de preços nas mais importantes capitais do país, com base na estrutura de despesas de famílias com rendimentos mensais entre 1 e 40 salários mínimos. Tem período de coleta de preços entre o dia 1º e o dia 30 de cada mês.

3
PLANEJAMENTO DAS COMPRAS DOMÉSTICAS

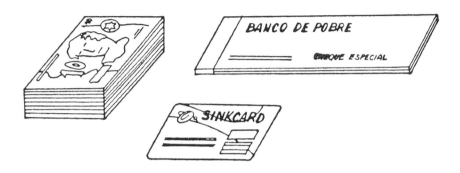

COMO PAGAR: À VISTA, COM CHEQUE PRÉ-DATADO OU COM CARTÃO DE CRÉDITO

Não se pode ter ilusão: pagar à vista será sempre o melhor negócio. Claro que para quem sabe negociar: nada de ficar com vergonha de pedir descontos, pois o dinheiro é seu e, com certeza, custa muito para ganhar.

Pagar à vista em dinheiro vale mais ainda: quem recebe escapa dos cheques sem fundo e ainda fica livre das tarifas bancárias. Pagar em cheque embute um risco para quem recebe e isso não é a mesma coisa que "grana viva".

Não sendo à vista, qualquer outra modalidade embute um valor para compensar o prazo para receber o dinheiro ou para compensar as taxas acertadas com a administradora dos cartões de crédito.

Além do mais, no cartão de débito ou no cartão de crédito, existe uma taxa cobrada da loja vendedora. É claro que a loja não está de bobeira e cobra tudo isso no preço de venda da mercadoria, embora até mesmo o dono da loja negue sempre.

COMO ADMINISTRAR AS CONTAS DA CASA

O cartão de débito é aquele oferecido pelo banco para "facilitar as suas compras": é passado numa maquininha e debitado na hora na conta corrente do cliente. A loja, porém, só recebe alguns dias depois, após ser descontada a comissão do cartão. Ora, é claro que esses custos são repassados no preço da mercadoria.

O cartão de crédito é o tradicional "dinheiro de plástico", que permite até os tais 35 dias para o possuidor pagar. A loja é onerada por uma taxa que varia entre 2% e 5% de acordo com o tipo de atividade (postos de gasolina e supermercados pagam taxas menores) e ainda leva 30 dias para receber do cartão. Se a loja quiser adiantamento da grana, terá que pagar mais de 5%/mês de juros.

Tem alguém de bom senso que ainda possa pensar que isso não é repassado para os preços? Tem: o Governo e seus órgãos controladores, que mantêm viva uma norma, ou sei lá o quê, protegendo as coitadinhas das administradoras dos cartões e ameaçando lojistas que praticarem preços diferenciados.

Vou contar uma história verdadeira vivida na cidade do Rio de Janeiro tempos atrás:

Um agressivo posto que vende gasolina boa e barata — por isso sempre com fila — montou uma estratégia de marketing e fez dois preços nas bombas: um para o pagamento à vista e outro para cheque pré ou cartão de crédito, naturalmente um pouco mais caro. Resultado: o Procon (!), que na época tinha umas "trutas", foi lá para se mostrar na TV, lacrou as bombas e no dia seguinte o posto reabriu. Com que preço? Ora, com o preço maior, para qualquer modo de pagamento... e o consumidor, ó!

Por isso tudo é que se deve pensar direitinho onde vai fazer as compras e comparar os preços em função do modo de pagar. Há lojas, sabidamente barateiras, que só vendem à vista. Não há de ser por acaso...

COMO ADMINISTRAR AS COMPRAS
NOS SUPERMERCADOS

Os supermercados concorrem com os shoppings, considerados os templos de consumo, e por isso mesmo são especialistas em marketing de consumo; tome muito cuidado neles para não se deixar seduzir. Por isso é muito importante levar sempre para o supermercado uma lista de compras bem organizada para economizar e aproveitar as ofertas.

Tudo está montado para fazer você gastar mais:

- você não vê relógios, de modo que gasta um tempão distraído com as ofertas;
- não existem janelas para não tirar sua atenção das compras;
- o chão é escorregadio para você não andar depressa e poder assim olhar as ofertas e comprar mais;
- os produtos mais importantes, de maior concorrência e de melhor preço, estão lá no fundo do supermercado, fazendo você passar por várias outras ofertas tentadoras até chegar lá.

Várias regras primárias são conhecidas para melhor enfrentar as compras nos supermercados:

- só ir às compras após as refeições, de barriga cheia, pois quem está com fome gasta mais...;
- o comprador deve ser a mulher da casa, pois é sabido que homem não acostumado a ir ao supermercado compra mais sem precisar...;
- deixar as crianças em casa: os baixinhos têm a mania de encher o carrinho de supérfluos, e se os pais forem frouxos, já era...;
- conferir sempre os preços que você viu na prateleira com aqueles que estão sendo registrados no caixa: muitas vezes não conferem e você pode "comprar gato por lebre";

- por uma estratégia de marketing, os supermercados são mais baratos de terça a quinta-feira e domingos, para atrair mais clientela, donde vale aproveitar e evitar os outros dias.
- ter sempre à mão uma prévia lista das compras necessárias, para comprar planejada e racionalmente, sem cair em armadilhas de *marketing*;

É importante organizar a lista de compras por seção do supermercado e em ordem alfabética para ser mais fácil controlar os itens a comprar e os já comprados. Com essa organização, você não vai ficar "passeando" entre as seções, o que evita que você compre produtos supérfluos.

A proposta é que você personalize uma lista com os itens de seu interesse e saia com ela, se possível bonitinha e impressa em computador, de preferência com os preços que você pagou da última vez ou com os preços atuais pesquisados nos encartes de ofertas.

A seguir, uma relação das seções mais importantes para compras em supermercados, nas quais você pode encontrar os produtos de consumo mais frequentes.

PLANEJAMENTO DAS COMPRAS DOMÉSTICAS

PARA COMER E BEBER		NÃO COMESTÍVEIS
Aves e ovos	Laticínios	Bazar
Bebidas	Legumes	Farmácia
Biscoitos e Bombons	Massas	Higiene
Carnes	Mercearia	Limpeza
Congelados	Padaria	
Doces	Peixes	
Frios	Salgados	
Frutas	Verduras	

Essa lista apresenta itens de produtos que são quase sempre comprados, como é o caso de muitos alimentos, carnes, frutas, verduras etc. A lista não está inflada de produtos comprados de vez em quando: esses terão que ser lembrados e listados por você quando precisar. Exemplos típicos: pregador de roupa, vassoura, panetone, ovos de Páscoa, protetor solar, baldes, toalhas e assim por diante...

> Reconhecida a importância da lista de compras, consulte no APÊNDICE uma lista completa de produtos, na qual você poderá lembrar e escolher os itens que deseja comprar na próxima visita ao supermercado.

ANÁLISE DE OFERTAS E PROMOÇÕES NOS SUPERMERCADOS

Uma estratégia de marketing constantemente utilizada por todos os supermercados é a de anunciar promoções por tempo limitado para produtos selecionados, de modo a atrair a clientela. Prestando bem atenção aos produtos, chega-se à conclusão de que as grandes redes selecionam

COMO ADMINISTRAR AS CONTAS DA CASA

as ofertas, cada rede dividindo o mercado de promoções, ou seja, não brigam entre si.

Isso facilita a vida do comprador atento e que esteja disposto a gastar tempo percorrendo os diversos estabelecimentos atrás das melhores ofertas. Essa função é muito importante para uma boa compra global; dá trabalho, mas, sem correr atrás, não se consegue economizar. Uma bem-sucedida operação dessas, conjugada com estoques antecipados estrategicamente (ver a seguir), pode representar uma economia de até mais de 20% sobre o total.

É fundamental para o sucesso contínuo na administração das compras uma verdadeira intimidade com produtos e preços, condição essa facilitada pela razoável estabilidade econômica atual.

> Não se pode acreditar plenamente nas promoções.
> Os anúncios de ofertas nem sempre apresentam preços melhores que os preços normais dos produtos.

Às vezes, grandes anúncios de promoções mostram preços exorbitantes como se fossem alguma "xepa"; no entanto, valem-se desse *marketing* para fazer acreditar que o preço é baixo. Só se escapa dessas sedutoras armadilhas prestando-se bastante atenção e tendo muita familiaridade com os preços dos produtos. Se bobear, "dança"!

> Cuidado: é muito comum que os produtos com preços em ofertas tentadoras estejam com a validade por vencer logo adiante; se você comprar muita quantidade desse tipo de "moleza", poderá se dar mal!

PLANEJAMENTO DAS COMPRAS DOMÉSTICAS

Uma bela jogada do *marketing* dos supermercados diz respeito aos anúncios informando que têm "o melhor preço ou o seu dinheiro de volta". Que devolvem é verdade, mas daí a terem o melhor preço é uma coisa a conferir, pois não tem nada a ver: é indispensável checar os preços e comparar com outras lojas, uma vez que há muito engodo nisso.

Assim, uma dica para quem corre atrás de economizar fazendo uma boa administração das compras domésticas: há redes de supermercados que prometem — e cumprem — devolver a diferença de preços cobrados a mais se o cliente provar, com encartes atualizados, que outras lojas estão com preços menores que os seus.

Para desfrutar dessa promessa, é necessário muito trabalho na pesquisa prévia de preços, coletando encartes e separando anúncios, mas vale a pena. Afinal, estamos aqui para economizar. Assim, para quem quiser e não tiver preguiça, esse trabalho é importante e compensa bastante o esforço. Lembre-se: tem que SOBRAR DINHEIRO!

COMO ADMINISTRAR AS CONTAS DA CASA

> Uma boa dica: faça compras uma vez por semana de modo
> a aproveitar todas as ofertas semanais de tempo limitado.

CUSTO PARA FAZER ESTOQUE DE PRODUTOS

Não é raro se encontrar ofertas tipo "pague 4 e leve 5", o que, no caso, significa um desconto de 20% no preço de cada produto, bem como outras tentadoras ofertas que representam naquele momento um grande desconto traduzido num preço realmente de ocasião. Cuidado: é preciso fazer as contas para você se certificar de que o preço unitário está barato mesmo.

Nessas ocasiões, é preciso que você examine sua condição financeira para identificar se é uma pessoa capitalizada ou endividada, antes de fazer estoque por conta dessa oferta, ou seja, identifique seu custo de oportunidade. (Ver capítulo 5.)

Se você for uma pessoa capitalizada, valerá a pena comprar uma boa quantidade da oferta, conforme sua frequência no consumo do produto, pois a aplicação do seu dinheiro nesse estoque será, com certeza, muito melhor que qualquer aplicação financeira.

Porém, se você for uma pessoa endividada, muito cuidado ao analisar a oferta. Assim, estando no cheque especial, com os escorchantes juros que os bancos cobram impunemente na faixa de até mais de 10% ao mês, um desconto desses de 20% irá embora em dois meses... Nesse caso, toda unidade desse produto comprado que ficar em estoque por mais de 2 meses acarretará prejuízo, pois irá custar mais de juros do que se economizou no desconto!

Conclusão: deve-se tomar muito cuidado com o seu "custo de oportunidade pessoal", analisando friamente a situação antes de sair fazendo estoques da oferta. O que é uma moleza para uns, pode ser uma "fria" para outros!

COMPRAS NAS FEIRAS LIVRES

A feira livre é uma opção válida por algumas características próprias, tais como ser próxima de casa, ter produtos sempre frescos e maduros, prontos para serem consumidos. Frutas verdes de supermercado irritam aqueles que querem comprar para comer logo...

Em geral, os produtos têm mais qualidade e são mais frescos, mas os preços são mais altos que os de supermercados ou de hortifrútis, uma vez que nem sempre podem ser escolhidas as frutas e verduras, pois não são *self-service*...

Na melhor hora para comprar qualidade, que é de manhã cedo, os preços são altos, bem maiores que no fim da feira, na hora da xepa, em que de fato dá para negociar e igualar os preços aos de supermercados.

É fundamental fazer um passeio prévio, descontraído, por toda a extensão da feira, avaliando os preços marcados. Os feirantes notam seus movimentos e, na volta, estão predispostos a negociar... Importante lembrar que o termo "feira" lembra concorrência, pechincha, negociação... Como sempre, quem se dispuser a trabalhar e gastar tempo olhando, pesquisando e pechinchando, poderá fazer boas compras com boa economia, comparando com a condição de ir comprando na primeira barraca que aparecer com a mercadoria que lhe interessar.

Uma vantagem pode ser a prova das frutas: ao contrário dos supermercados, nas feiras você pode ir de barriga vazia para degustar as frutas que lhe são oferecidas... Só isso aí já é um lucrinho.

COMPRAS NO AÇOUGUE OU NA PEIXARIA AO LADO DE CASA

Ao mesmo tempo em que as lojas ao lado de casa funcionam como lojas de conveniência, as quais quase sempre têm preços maiores, também oferecem vantagens. No caso de Açougues e Peixarias de bairro, os produtos costumam ser mais frescos e a relação de conhecimento que se faz com o dono e funcionários torna mais agradável as compras e a escolha da qualidade. O preço passa a ser uma questão de papo e negociação, desde que você esteja por dentro dos preços da concorrência, principalmente dos supermercados.

ATENÇÃO:
Outras observações sobre COMPRAS EM GERAL podem ser encontradas na análise de cada um dos itens de despesas do Orçamento Doméstico, no capítulo 1.

4

NEGOCIAÇÃO DE SERVIÇOS CASEIROS

A QUALIFICAÇÃO E A CONFIANÇA

Normalmente, a maior fonte de informações para se obter indicações para atender às necessidades caseiras, como selecionar empregadas domésticas, bombeiros, pintores ou outros prestadores de serviços, é sempre o chamado boca a boca.

Quem consegue um profissional sério, competente e de confiança já tem um bom caminho andado, pois é raro encontrar pessoas com essa qualificação a quem se possa entregar a solução dos vários problemas de funcionamento e manutenção do "lar doce lar".

Aqueles que não têm essa sorte devem primeiramente tomar cuidado com a goela grande dos prestadores de serviço autônomos, chamados de biscateiros, que olham para a cara do freguês avaliando sua condição financeira antes de tentar dar o bote, a fim de descontar no incauto os dias parados sem trabalhar. São os adeptos da "lei de Gerson", que só querem levar vantagem.

Outro ponto é ter noção clara das condições de mercado do serviço que se está querendo contratar, perguntando aqui e ali quanto se tem pago por serviços semelhantes. É o caso na contratação de empregadas domésticas, diaristas ou faxineiras, cuja remuneração depende muito do bairro, do tamanho da residência e das condições de trabalho oferecidas.

Deve-se sempre levar em conta uma condição fundamental, que é a questão da confiança e da recomendação, fator que termina valendo algo mais na remuneração do serviço contratado.

NEGOCIAÇÃO DE SALÁRIOS DAS EMPREGADAS DOMÉSTICAS

Essa negociação é muito delicada e, mais uma vez, tem como fator primordial a necessária recomendação e as referências anteriores. É indispensável uma checagem cuidadosa de uma por uma das referências apresentadas, de modo a avaliar o perfil desejado e fazer uma aposta para o futuro desempenho.

> IMPORTANTE: não deixe de comprovar as referências apresentadas antes de contratar qualquer pessoa que vá trabalhar na sua casa.

As condições salariais a serem combinadas se baseiam fundamentalmente nas condições de mercado, o qual depende tanto da experiência e qualificação, quanto da localização geográfica da cidade e do local de trabalho.

A situação econômica real de várias regiões mal permite o respeito ao salário mínimo, pois não há demanda suficiente para garantir essa remuneração. O desemprego e o subemprego fazem parte da realidade brasileira e há regiões mais carentes onde o salário mínimo é um sonho a realizar...

Por essas e outras é que a condição de empregada doméstica, tão sujeita a preconceitos, se constitui ainda em uma boa oportunidade, tanto para quem precisa do emprego como para quem precisa do serviço.

Nessa condição de equilíbrio entre procura e oferta, é importante para quem está contratando se informar dos direitos e obrigações do contrato a ser celebrado entre as partes, de modo a serem respeitadas as condições negociadas. Por conta dessas obrigações e dos custos indiretos de uma contratação, devem ser bem avaliadas as despesas geradas para não se incorrer em dificuldades futuras.

NEGOCIAÇÃO DE SERVIÇOS CASEIROS

Cada cidade e cada bairro têm condições próprias, determinadas pela situação geográfica e nível socioeconômico, para estabelecer o salário a ser pago a esses profissionais. Mais uma vez, para quem não tiver preguiça de se informar e pesquisar em várias fontes, tudo irá depender da procura e oferta e do grau de confiança da recomendação.

Bons parâmetros para comparação e avaliação de salário, tendo em conta experiência e qualificação, surgem de pesquisar o nível salarial que está se remunerando na cidade ou região, os serviços de servente da construção civil (normalmente com baixa escolaridade), o de recepcionista de uma agência bancária (que necessita um mínimo de escolaridade) ou de atendente de loja.

> Para identificação das atuais condições de contratação de empregada doméstica, segundo as normas legais, basta entrar no site do Ministério do Trabalho e Emprego na internet, no endereço www.mte.gov.br.

CÁLCULO DO MATERIAL E DO CUSTO DO HOMEM-HORA

Para contratar um serviço caseiro, alguns procedimentos são importantes para se conseguir um resultado satisfatório, tanto na qualidade quanto no preço.

Antes de qualquer coisa, deve-se procurar mais de um orçamento para o serviço desejado. Após a devida escolha da melhor proposta dentre os previamente qualificados, vai-se passar para a fase de negociação e, para tanto, é necessário arranjar argumentos convincentes.

Geralmente os prestadores de serviços caseiros, tipo bombeiro, pedreiro ou pintor, fazem orçamentos "no chute" e sempre com preços incompatíveis com o tempo consumido no trabalho efetivamente efetuado. Daí ser fundamental um exercício primário de cálculo para indicar um parâmetro básico de negociação.

COMO ADMINISTRAR AS CONTAS DA CASA

Suponha um salário mensal de R$ 680,00, valor divisível por 20 dias úteis e por 8 horas diárias, remuneração de vários trabalhadores mensalistas da construção civil, privilegiados, neste país, pela condição de terem emprego com carteira assinada.

O cálculo da remuneração por hora trabalhada, nessas condições, resulta no valor de R$ 34,00 por dia, ou R$ 4,25 por hora! Alguém, senão o próprio, já tinha pensado que era tão pouco? Pois bem: esse pode ser o parâmetro básico para iniciar a negociação com uma argumentação fundamentada.

> O salário mensal de R$ 240,00 representa
> um salário de R$ 1,50 por hora!

Os cálculos que consultores autônomos fazem para fazer suas propostas costumam levar em conta quanto ganhariam para fazer o mesmo trabalho se estivessem recebendo salário mensal, calculando o ganho

NEGOCIAÇÃO DE SERVIÇOS CASEIROS

por hora e multiplicando por 5, que é o fator de compensação pelas horas ociosas e sem benefícios de um consultor.

Com esse mesmo critério, pode-se chegar ao resultado de R$ 4,25 × 5 = R$ 21,25 e então questionar quantas horas vai levar o serviço de trocar a torneira, bem como quanto custa a torneira nova que se está instalando... e multiplicar e somar.

> É inevitável um estresse na negociação, pois o preço inicialmente pedido terá sido muitas vezes maior, donde para tratar um preço justo para os dois é sempre assim, tem-se que apresentar um bom argumento...

Com a força desses argumentos existirá uma boa chance de se acomodar o preço num valor razoável, de vez que ainda se tem o fator concorrência, isto é, batalhar para procurar por outro orçamento mais barato.

5
NOÇÕES BÁSICAS DE TAXAS DE JUROS

O VALOR DO DINHEIRO NO TEMPO

O valor de uma quantia de dinheiro será diferente de acordo com a data em que essa quantia estiver disponível para ser usada. Ao longo do tempo essa quantia pode perder seu poder aquisitivo por conta de inflação ou pode valer mais, se estiver aplicada numa taxa de juros qualquer.

Em consequência disso, não se pode comparar, somar ou diminuir quantias que estejam em datas diferentes. Assim, por exemplo, quem tiver disponível R$ 100,00 poderá fazer hoje o que bem quiser com essa quantia: consumir ou aplicar, fazer refeições ou botar gasolina no carro, sem precisar consultar ou negociar com ninguém.

Porém, se essa quantia somente estiver disponível mais à frente, numa data futura, ou se pagará mais pelo que se pretende fazer ou adquirir, ou não se fará hoje o que se quer.

Quanto mais distante for a data futura em que estiver disponível a quantia, menor será seu valor na data de hoje, isto é, menor será seu valor presente. A quantia disponível na data futura é chamada de valor futuro.

Esses valores serão sempre relacionados entre si por uma taxa de juros, a qual representa o preço cobrado pelo tempo até vir a ser liberada a quantia, mais o risco referente à incerteza quanto a essa liberação. Sabe-se lá se o devedor vai pagar...

> O que iguala, relaciona e atualiza quantias localizadas em diferentes datas é sempre uma taxa de juros.

JUROS SIMPLES VERSUS JUROS COMPOSTOS

A taxa de juros é o percentual que se recebe a mais por se ter aplicado uma quantia por um determinado prazo ou também é o percentual que se paga a mais por se ter tomado emprestada uma quantia por um determinado prazo.

Esse prazo e a taxa de juros calculados sempre sobre o mesmo montante são acertados entre as partes. Os juros e o principal são quitados ao final do prazo. É o regime de JUROS SIMPLES.

Quando, vencido o prazo definido, o capital continua em negociação sem ter havido pagamento dos juros, surgem os JUROS COMPOSTOS, pois os juros não pagos são adicionados ao capital inicial. Os juros do próximo período incidem sobre o novo capital.

Assim, os juros compostos passam a existir quando, combinados prazos para vencimento de juros, não são recebidos e passam a ser somados ao capital inicial, rendendo (ou custando) juros sobre esse novo capital acumulado. Acontece assim uma capitalização dos juros e diz-se, então, que o regime é de "juros sobre juros", ou seja, de JUROS COMPOSTOS.

Então, por exemplo, se R$ 100,00 estiverem submetidos durante um mesmo período de tempo na taxa de 5% ao mês ao regime de juros simples ou compostos, teremos:

DATA INICIAL	JUROS SIMPLES	JUROS COMPOSTOS
	100,00	100,00
1º mês	105,00	105,00
2º mês	110,00	110,25
3º mês	115,00	115,76
4º mês	120,00	121,55
5º mês	125,00	127,63

NOÇÕES BÁSICAS DE TAXAS DE JUROS

Vê-se assim que a diferença é muito grande, maior ainda se o prazo for longo, conforme mostrado em a história da vovozinha, contada adiante.

Quando a economia de um país é desenvolvida e as taxas de juros vigentes são baixas, os juros simples são muito utilizados nas transações, mas quando se trata de taxas de juros muito altas, em economias como a do nosso país durante os últimos anos, os juros compostos passam a ter especial significado nas transações a prazo e são bastante utilizados.

A HISTÓRIA DA VOVOZINHA

Essa fábula bastante conhecida serve para ilustrar a diferença entre os juros simples e os juros compostos, e como o mercado financeiro e de crédito se aproveita disso ao tratar com clientes leigos.

Nessa história, a Vovozinha, após fazer uma aplicação de R$ 100.000,00 num banco pelo prazo de um ano na taxa de 5% ao mês, é convencida pelo Netinho a lhe emprestar o dinheiro para abrir uma Fábrica de Pranchas de Surfe. Como o dinheiro já estava aplicado a prazo fixo, ela intercedeu junto ao banco para conseguir igual quantia, na mesma taxa de 5% ao mês e no mesmo prazo.

Eis que, na hora de resgatar a aplicação e pagar o empréstimo, ambos tomaram um susto: o resgate deu R$ 160.000,00, mas o empréstimo resultou no valor de R$ 179.585,63, registrando-se uma diferença de R$ 19.585,63.

Por que aconteceu isso? Ora, porque o banco contratou a aplicação em juros de 5% ao mês simples, mas contratou o empréstimo em juros de 5% ao mês compostos. Espertinho esse banco, não é? Ou seja, a linguagem de juros compostos é uma boa estratégia de marketing para vender operações de empréstimo e a de juros simples é melhor para se vender aplicações.

Outro exemplo da diferença entre a linguagem de juros simples e a de juros compostos: considerando o montante de uma operação ao final do prazo de um ano como sendo reajustado em 60%, essa taxa anual pode ser expressa em 4% ao mês em juros compostos ou 5% ao mês em juros simples.

Para exemplificar a força dos juros compostos, lá vai um cálculo de uma situação esdrúxula. Suponha que alguém tivesse esquecido R$ 100,00 depositados desde julho de 1994, início do Plano Real, numa Caderneta de Poupança, rendendo, até julho de 2003, a média de 1% ao mês compostos, mas ao mesmo tempo esquecesse que estava devendo durante esse mesmo período R$ 100,00 num Cheque Especial que cobrou juros compostos de 15% ao mês.

Ao final desses 9 anos com R$ 100,00:

Teria na aplicação	R$ 292,89............	de Saldo na Poupança
Estaria devendo	R$ 359.225.169,35............	no Cheque Especial!!!

É pouco ou quer mais?

O DILEMA FINANCEIRO

Um dilema sério frequenta o mercado financeiro e se refere às taxas de juros pagas para investidores, comparadas com as cobradas dos tomadores de empréstimos.

Existem várias ofertas para aplicação de capital e os investidores correm atrás para encontrar a melhor delas, isto é, a mais alta taxa de juros disponível, aquela que melhor remunere o capital aplicado.

Ao mesmo tempo, quem pretende tomar recursos precisa examinar a taxa das várias ofertas de empréstimo de capital existentes e encontrar a melhor delas, isto é, a mais baixa taxa de juros disponível, aquela que torna o empréstimo mais barato.

Esse dilema financeiro leva os juros ao equilíbrio (intermediado pelos bancos e pelo Governo) verificado entre as taxas de aplicação e as taxas de empréstimo, por força da atuação dos aplicadores exigindo as maiores taxas, ao mesmo tempo em que os tomadores de empréstimos tentam se defender brigando pelas menores taxas.

E, no meio deles, os bancos, cobrando *spreads* escorchantes, e o Governo, como sempre, cobrando todo tipo de imposto, mordendo e levando o melhor pedaço...

CUSTO DE OPORTUNIDADE

Importante entender perfeitamente o que é o custo de oportunidade, de modo a se poder tomar decisões. Seguem alguns exemplos.

Quando um investidor saca sua aplicação financeira de um fundo de investimento, em que está ganhando 1% ao mês, para colocar seu capital em um negócio qualquer, ele provavelmente estará contando em receber uma remuneração maior que aquela taxa de 1% ao mês, pois esse é o seu custo de oportunidade.

É quanto custa para ele mudar de aplicação: é quanto ele deixa de ganhar. Assim, o indivíduo capitalizado, desconsiderados os riscos,

COMO ADMINISTRAR AS CONTAS DA CASA

sempre examinará negócios em que possa obter rendimentos superiores ao seu custo de oportunidade.

Se esse investidor tem várias aplicações em diversos negócios, seu custo de oportunidade será sempre a pior aplicação que ele tem, ou seja, a mais baixa taxa de juros entre todos os seus investimentos.

Por outro lado, quando uma pessoa endividada, que está devendo num cheque especial que cobra 10% ao mês, recebe uma oferta de empréstimo com uma taxa de juros menor que essa, ele estará interessado em contratar esse empréstimo para substituir seu cheque especial, pois seu custo de oportunidade neste caso é de 10% ao mês, e qualquer oferta numa taxa menor será interessante.

Se esse devedor tiver vários empréstimos, seu custo de oportunidade será sempre a pior operação que ele tem contratada, ou seja, a mais alta taxa de juros que lhe estiver sendo cobrada.

RESUMO:
Para um investidor, o custo de oportunidade é a pior taxa de aplicação, isto é, a mais baixa taxa de juros recebida.
Para um devedor, o custo de oportunidade é a pior taxa de empréstimo, isto é, a mais alta taxa de juros paga.

Quando foi analisado se valia a pena manter produtos em estoque para aproveitar as ofertas com desconto de supermercados, no capítulo 3, que trata do "Planejamento para as compras domésticas", o conceito usado para indicar o melhor negócio foi o do custo de oportunidade individual.

NOÇÕES BÁSICAS DE TAXAS DE JUROS

O PLAYBOY, OS JUROS E A POLÍTICA MONETÁRIA

Ao se tratar de juros fica sempre no ar a dúvida quanto ao nível de taxas de juros que é razoável na Economia. Identificar, a cada momento, se as pessoas e empresas estão diante de uma taxa de juros alta ou baixa é muito importante para se tomar qualquer decisão estratégica. Para ilustrar como funcionam os juros numa economia estável e equilibrada, segue uma historinha já bastante conhecida.

> "Num país sem inflação, um *playboy* recebe uma herança de 20 milhões de dólares e aplica o dinheiro num Banco na taxa de juros de 5% ao ano, e com o rendimento de 1 milhão de dólares, passa o verão na praia e o inverno esquiando na neve. Está com a vida que pediu a Deus.
>
> O Banco empresta os 20 milhões de dólares a uma Empresa na taxa de juros de 10% ao ano. A Empresa toma esse dinheiro emprestado porque seu investimento na produção vai gerar um lucro de 15% ao ano, que é a taxa de retorno em cinco anos de um bom negócio.
>
> No final do outro ano, como muita gente seguiu o exemplo do *playboy*, vendendo ou fechando suas empresas e deixando de trabalhar para viver de juros, o Banco, diante de tanta oferta de dinheiro e de tão pouca procura, passa a oferecer juros só de 3,5% ao ano.
>
> O *playboy* e seus seguidores, diante de tão baixa renda, resolvem voltar a trabalhar e a produzir, deixando de viver de juros. E o país volta a crescer e a produzir mais, gerando mais empregos e desenvolvimento... até o ciclo se reiniciar e começar tudo de novo."

COMO ADMINISTRAR AS CONTAS DA CASA

Por meio dessa fábula econômica, pode-se entender como funciona a tal "Política Monetária" de um Governo capitalista, conforme pode-se acompanhar com facilidade pelos jornais e pelo noticiário.

Quando a taxa de juros está muito alta, cai a produção e aparece o desemprego e a recessão, pois todo mundo só quer viver de juros. O Governo fica preocupado e trata de intervir no mercado financeiro para baixar as taxas.

Quando a taxa de juros na Economia está muito baixa, a tendência das pessoas deixa de ser a de poupar e o consumo cresce; para os donos de capital, o jeito é aplicar o dinheiro em investimentos produtivos, que rendem mais, embora com riscos e com trabalho.

Se a produção não gerar oferta suficiente para atender à procura de bens e serviços, poderá surgir a malfadada inflação, o que irá obrigar o Governo a subir a taxa, reiniciando o ciclo anterior...

Isso tudo é Teoria Econômica, que, como diz o nome, é teoria. Isso não quer dizer que na prática é assim que funciona sempre...

Basta ver que essa teoria, recentemente aplicada no Japão e nos Estados Unidos, ambos com taxas de juros baixíssimas, não tem resultado em solução para a recessão que teima em continuar instalada.

6
NEGOCIAÇÃO DE COMPRAS A PRAZO

Toda vez que surgir uma ocasião em que a compra de um bem a prazo, em parcelas mensais iguais, for necessária ou conveniente, as condições oferecidas deverão ser analisadas com bastante cuidado.

Assim, em países capitalistas, como é o caso do Brasil, o consumo é estimulado por estratégias de *marketing* e propaganda, as quais criam toda sorte de ofertas sedutoras que podem esconder armadilhas perigosas.

Como já se viu aqui em capítulo anterior, o valor do dinheiro no tempo faz com que sejam cobrados juros por pagamentos feitos a prazo. Os riscos desse processo de aquisição de bens e serviços a prazo, vigente no cotidiano das famílias, devem-se à cobrança de taxas de juros acima do que seria razoável. Neste país dominado pelos bancos, o chamado *spread* bancário é enorme e aquele que não se cuidar pode vir a passar por dificuldades na hora de pagar.

As Calculadoras Financeiras, ou a Tabela de Fatores de Parcelas Iguais apresentada no APÊNDICE, permitem, porém, que se possa identificar os juros compostos cobrados nesses financiamentos em parcelas iguais, conforme será apresentado a seguir. As condições mais comuns existentes no mercado de vendas a prazo serão avaliadas de modo a se escapar das armadilhas do *marketing* financeiro.

COMO ADMINISTRAR AS CONTAS DA CASA

COMPRAS COM OU SEM ENTRADA

Há muitas ocasiões em que é necessário comprar um bem de consumo durável a prazo. Traduzindo o "economês", é o caso de se precisar comprar em parcelas iguais, geralmente mensais, bens como um automóvel, uma geladeira, um aparelho de ar condicionado, uma TV ou até mesmo um liquidificador...

Os jornais estão repletos de anúncios com ofertas tentadoras para permitir usar agora e pagar depois, com ou sem entrada... O único problema é que essas sedutoras ofertas incluem taxas de juros que devem ser cuidadosamente identificadas, de modo a se avaliar quanto está custando essa facilidade anunciada.

Basta examinar alguns casos típicos de maneira que se possa utilizar uma CALCULADORA FINANCEIRA para aprender a calcular as taxas de juros que são cobradas nesses financiamentos. Quase todas essas ofertas são identificadas pela Matemática Financeira como Séries de Pagamentos Iguais, mas, apesar do nome, esse assunto não tem nada de difícil, bastando conhecer algumas regras para operar com sucesso.

Para exemplificar:

"Uma geladeira no valor de R$ 950,00 à vista está anunciada para pagamento em 12 parcelas mensais iguais de R$ 106,58 sem entrada."

Os valores da oferta deverão ser registrados nas seguintes teclas:

950,00 .... no .... PV
12 .... no .... n
106,58 +/– .... no .... PMT
escolher a opção sem entrada (modo END)
e clicar i , o que resulta em .... 4,9% ao mês.

NEGOCIAÇÃO DE COMPRAS A PRAZO

Importante

no $\boxed{\text{PV}}$ deve ser registrado o valor à vista,

no $\boxed{\text{PMT}}$ (que significa PagaMenTos iguais) deve ser registrada a prestação,

no $\boxed{\text{n}}$ deve ser registrado o número de prestações iguais.

O valor das parcelas deve ter o sinal trocado pela tecla $\boxed{+/-}$ para atender à programação das calculadoras. Conforme o caso, deve-se escolher e clicar a opção com entrada $\boxed{\text{BEG}}$ ou sem entrada $\boxed{\text{END}}$.

Daí, basta clicar $\boxed{\text{i}}$.

Outro exemplo, com a 1ª parcela de entrada:

"Uma máquina de lavar no valor de R$ 800,00 à vista tem um plano para pagamento em 10 parcelas mensais iguais de R$ 102,93, sendo a 1ª de entrada."

10 .... no .... $\boxed{\text{n}}$

102,93 $\boxed{+/-}$ .... no .... $\boxed{\text{PMT}}$

escolher a opção com entrada (BEG)

e clicar $\boxed{\text{i}}$, o que resulta em 6,1% ao mês, 800,00 no $\boxed{\text{PV}}$.

CÁLCULO DAS TAXAS DE JUROS EM ANÚNCIOS

Para quem dispõe de uma Calculadora Financeira, as contas devem ser feitas repetindo-se a sequência de operações apresentada no módulo anterior. Para quem não possui essa ferramenta, que, aliás, custa caro, mas tem interesse nela, pode baixar de graça na internet.

Para quem tem à mão uma simples Calculadora de Camelô é possível identificar as taxas de juros cobradas nos anúncios por meio de uma mera conta de dividir, consultando a tabela de fatores de parcelas iguais para calcular as taxas de juros de financiamentos em parcelas

COMO ADMINISTRAR AS CONTAS DA CASA

iguais e consecutivas, referente àquelas operações comuns na compra parcelada de bens duráveis, tipo TVs, lavadoras, DVDs etc.

Nos dias de hoje, as lojas são obrigadas a declarar as taxas cobradas, mas essas taxas podem ser dadas naqueles cantos de página em letras minúsculas, não incluem o IOF (mordida do Governo) e às vezes são diferentes de acordo com o produto financiado, informando intervalos tipo de "4,5% a 7,5% ao mês".

Também por exigência do Governo, as lojas publicam o total a ser pago, o que a rigor só serve para isso: saber quanto será desembolsado ao longo do prazo, mas nada significa em termos das taxas de juros pagas.

Vejamos agora vários exemplos de ofertas de anúncios em jornais para calcular as taxas de juros mensais que efetivamente são cobradas, utilizando-se a TABELA que está no APÊNDICE.

A TABELA funciona dividindo-se o Saldo Devedor pelo Fator que se encontra na coluna do número de parcelas a pagar. Saldo Devedor é o que falta pagar, ou seja, se foi dada uma parcela de entrada, seu valor tem que ser diminuído e o número de parcelas que falta pagar também.

Exemplos:

1. TV de 5" de R$ 119,00 à vista em 10 vezes iguais, sem entrada, de R$ 14,67.

   Dividindo 119,00 por 14,67 resulta em 8,11, donde basta procurar na coluna de 10 parcelas esse fator de 8,11 e ver que ele se encontra na linha de 4% ao mês.

2. Bicicleta de R$ 159,00 à vista em 5 vezes iguais, sem entrada, de R$ 38,26.

   159,00 divididos por 38,26 = 4,16, donde, na coluna de 5 parcelas, lê-se 6,5% e, como se trata de parcelas mensais, isso quer dizer 6,5% ao mês.

3. Videokê de R$ 750,00 em 8 mensais iguais, sem entrada, de R$ 106,84.

   750,00 ÷ 106,84 = 7,02, donde, na coluna de 8 parcelas, achamos 3,0% ao mês.

NEGOCIAÇÃO DE COMPRAS A PRAZO

4. Lavadora de R$ 850,00 em 6 iguais, com a 1ª de entrada, de R$ 157,70.
   850,00 – 157,70 = 692,30, daí 692,30 ÷ 157,70 = 4,39, donde, procurando na coluna de 5 parcelas iguais (pois a 1ª foi de entrada), achamos a taxa: 4,5% ao mês.

5. Som de R$ 534,00 em 10 iguais, com a 1ª de entrada, de R$ 75,00.
   534,00 – 75,00 = 459,00, donde 459,00 ÷ 75,00 = 6,12. Daí, procurando na coluna de 9 parcelas iguais (10 – 1ª de entrada = 9 parcelas a pagar), temos: 8,5% ao mês.

6. Filmadora de R$ 1.300,00 em 5 iguais, com a 1ª de entrada, de R$ 273,00.
   1.300,00 – 273,00 = 1.027,00, que divididos por 273 dá 3,76, fator que se encontra percorrendo a coluna 4 (5 – 1 = 4) na altura da taxa de 2,5% ao mês.

Como aconteceu num desses cálculos, o fator exato ficou entre duas taxas, donde, se for necessário, pode-se fazer uma interpolação linear a fim de se obter a taxa exata.

OTIMIZAÇÃO DE COMPRAS A PRAZO

Para tirar o melhor proveito quando se tratar de uma compra a prazo, é interessante fugir das operações casadas de financiamento oferecidas pelas lojas. Geralmente essas taxas de juros são mais altas por conta da interveniência da loja, que é responsável pela aprovação do crédito, o que significa na prática um aval para o comprador.

COMO ADMINISTRAR AS CONTAS DA CASA

A melhor compra a prazo pode ser feita seguindo as instruções:

1. Pesquisar em vários Bancos ou Financeiras e identificar onde pode ser obtida a melhor taxa para CDC — Crédito Direto ao Consumidor —, que é a modalidade de crédito destinada à compra de bens de consumo duráveis.

2. Percorrer diversas lojas e pechinchar, procurando pelo melhor preço à vista.

3. Após identificar a melhor taxa e o melhor preço à vista, contactar o banco e informar que vai comprar o bem à vista na tal loja e vai querer o financiamento pelo CDC.

Um caso especial a ser observado é o dos financiamentos de automóveis novos negociados em revendedoras autorizadas das respectivas fábricas. Costumam apresentar taxas de juros bastante interessantes porque são subsidiadas pelas próprias fábricas, numa brilhante jogada de marketing. Só que geralmente pedem, no mínimo, 50% de entrada...

CUIDADO: a negociação do preço à vista do carro novo é fundamental antes de se entrar nos cálculos do saldo a financiar. Se for o caso de um carro usado na troca, atenção aos dois preços, o do novo e o do usado.

ANÁLISE DAS VENDAS "A PRAZO SEM JUROS"

É comum encontrarmos ofertas de vendas a prazo "sem juros". Como devemos saber "nesta altura do campeonato", não existe realmente essa condição, porque parcelas, mesmo iguais, em datas diferentes, têm, cada uma delas, valores diferentes na data de hoje, conforme já foi visto.

NEGOCIAÇÃO DE COMPRAS A PRAZO

Quem duvidar deverá colocar o valor à vista numa caderneta de poupança, sacar o necessário em cada data para pagar as parcelas "sem juros" e constatar que sobrou algum dinheiro depois de pagar todo o financiamento.

Dessa maneira, é comum as lojas mais espertas e bem administradas oferecerem um desconto para quem quiser pagar à vista, o que prova que os juros foram calculados e estão embutidos no parcelamento, constituindo-se numa bem montada estratégia de *marketing financeiro*.

É importante saber calcular a taxa de juros embutida nessas ofertas a prazo "sem juros", utilizando-se o mesmo raciocínio feito nos cálculos anteriores.

Exemplos:

1. Determinar a taxa de juros embutida na oferta de uma TV de R$ 300,00 que pode ser adquirida em 4 parcelas mensais iguais "sem juros", com a primeira de entrada, ou então para pagamento à vista com desconto de 10% sobre o preço ofertado.

   Cálculo da parcela em função do preço de referência:
   R$ 300,00 ÷ 4= R$ 75,00.
   Preço à vista verdadeiro, após desconto:
   R$ 300,00 − (10%) = R$ 270,00.

COMO ADMINISTRAR AS CONTAS DA CASA

Resta, então, calcular qual taxa de juros está sendo cobrada nessa venda "sem juros", utilizando a Calculadora Financeira:

$\boxed{\text{PV}}$ = 270

$\boxed{\text{PMT}}$ = – 75

$\boxed{\text{n}}$ = 4... na opção com entrada... e... calcular $\boxed{\text{i}}$...

= 7,51% ao mês!

2. Calcular a taxa de juros embutida na oferta de um aparelho de som de R$ 400,00 que pode ser adquirido com 4 parcelas mensais iguais "sem juros" e sem entrada, ou então para pagamento à vista com desconto de 10% sobre o preço ofertado.

Cálculo da parcela conforme a oferta:

R$400,00 ÷ 4 = R$ 100,00

Preço à vista com desconto R$ 400,00 – (10%) = R$ 360,00

$\boxed{\text{PV}}$ = 360

$\boxed{\text{PMT}}$ = – 100

$\boxed{\text{n}}$ = 4... na opção sem entrada... e... calcular $\boxed{\text{i}}$...

= 4,35% ao mês!

> É imaginar que tem muita gente que acredita
> nessas ofertas de "a prazo sem juros"...

Esses mesmos exemplos podem ser resolvidos com a TABELA DE FATORES do APÊNDICE, conforme veremos a seguir.

1. R$ 270,00 ÷ 75,00 = 3,60, donde, procurando na coluna de (4 – 1) parcelas iguais, vemos que esse fator se encontra na altura da taxa de 7,5% ao mês.

2. R$ 360,00 ÷ 100,00 = 3,60, donde, procurando na coluna de 4 parcelas iguais, vemos que esse fator se encontra entre 4,0% e 4,5% ao mês.

NEGOCIAÇÃO DE DESCONTOS PARA PAGAMENTO À VISTA

Quando a oferta de qualquer produto está na condição de "a prazo sem juros", é perfeitamente válido se tentar negociar um desconto, se o interesse for de pagar à vista, pois já devemos estar cansados de saber que dinheiro na mão, hoje, vale mais que recebimentos futuros...

Muitas vezes as lojas fazem "jogo duro" quando se pede esse desconto para pagamento à vista, ou por incompetência dos administradores financeiros ou por preferirem ganhar os juros embutidos.

Como já vimos, no caso de pagamentos com cartões de crédito, às vezes também é difícil negociar um desconto para pagamento à vista, ou pela incompetência financeira ou porque as lojas preferem cuidar da qualidade do recebimento, pois nem sempre um cheque é garantido.

Sabendo-se que os cartões de crédito cobram comissão da loja vendedora e só a reembolsam cerca de 30 dias depois da venda, é fácil entender que ela pode se interessar bastante por essa negociação.

Os lojistas que vendem com cartão de crédito e que, precisando de dinheiro, pedem adiantamento à administradora do cartão, pagam taxas de juros altíssimas, daí ser interessante para uma loja com gestão competente facilitar uma negociação para receber à vista.

E mais: se a loja, após vender a prazo, recebendo cheques pré-datados, pretender repor seu capital de giro descontando os cheques, também irá cair nas garras de bancos, financeiras ou *factorings*, pagando juros altíssimos.

Vê-se, então, que poderá ser do interesse de ambas as partes negociar um desconto e será importante calcular o desconto justo para pagamento à vista, de acordo com o custo de oportunidade de cada comprador.

Resta saber como se faz essa conta, pela qual se trata de determinar o Preço à Vista a pagar, que na Calculadora Financeira será o PV a ser encontrado

COMO ADMINISTRAR AS CONTAS DA CASA

Exemplos:

1. Calcular o valor a pagar, após o desconto justo, na oferta de um liquidificador de R$ 100,00 que pode ser adquirido em 4 parcelas mensais iguais "sem juros" e sem entrada, considerando que o comprador tem custo de oportunidade de um cheque especial de 10% ao mês.
Cálculo da parcela conforme a oferta:
R$ 100,00 ÷ 4 = R$ 25,00
Custo de oportunidade considerado: 10% ao mês
$\boxed{\text{PMT}}$ = – 25
$\boxed{\text{i}}$ = 10
$\boxed{\text{n}}$ = 4 na opção sem entrada... calcular... $\boxed{\text{PV}}$ = ? = 79,25,
donde o desconto deve ser: R$ 100,00 – R$ 79,25 = R$ 20,75
em percentual: 20,75% sobre o preço de referência "à vista".

2. A mesma situação anterior, porém com custo de oportunidade de um investidor capitalizado, que tem dinheiro aplicado a 2% ao mês.
$\boxed{\text{PMT}}$ = – 25
$\boxed{\text{i}}$ = 2
$\boxed{\text{n}}$ = 4... com opção sem entrada... calcular... $\boxed{\text{PV}}$ = ? = 95,20
desconto: R$ 100,00 – R$ 95,20 = R$ 4,80
em percentual: 4,8% sobre o preço de referência "à vista".

Todas as situações aqui apresentadas são rotina na nossa economia cotidiana, conforme as diversas ofertas que se encontram nos encartes dos jornais e revistas em todo o país. Geralmente essas ofertas contêm uma bem estudada estratégia de marketing financeiro, com armadilhas que seduzem o consumidor desavisado.

É importante, então, que sejam identificadas essas situações e analisadas as reais condições dessas ofertas, de modo a poderem ser calculadas as taxas de juros efetivamente ocorridas.

É comum que lojas aumentem os preços para ofertar a prazo "sem juros", do mesmo modo que lojas anunciem juros baixos que são aplicados em cima de preços à vista mais caros que a concorrência.

NEGOCIAÇÃO DE COMPRAS A PRAZO

O comprador se ilude com a taxa baixa e acaba pagando mais, já que o preço à vista foi maior...

Para tentar escapar dessas armadilhas, é bom ficar por dentro do mercado e se familiarizar bastante com as sedutoras estratégias montadas pelos donos do capital.

Cumprindo as instruções dadas no dever de casa apresentado a seguir, você irá defender o seu bolso e ainda poderá oferecer consultoria para membros de sua família e seus amigos desavisados, com chance de ainda ganhar "algum"!

> É importante ressaltar que, geralmente, quando não há informação expressa quanto a ser com ou sem entrada, provavelmente será com a 1ª de entrada.
> Isso porque, quando as lojas estão vendendo sem entrada, fazem questão de anunciar essa condição orientada pelo *marketing* da loja, pois é mais atraente para o cliente, que "leva agora e só começa a pagar no mês que vem".

Dever de casa

A fim de se tornar um craque na identificação das taxas de juros cobradas nos financiamentos em parcelas iguais, deve-se fazer um treinamento intensivo num final de semana: basta comprar uns dois ou três jornais no sábado e no domingo, e percorrer os anúncios das lojas.

Como o comércio varejista atua com taxas diferentes, de acordo com os diversos setores, é importante fazer a pesquisa de taxas separando pelos segmentos:

- Carros novos (muitas vezes com taxas subsidiadas pelas fábricas).
- Carros usados (taxas mais altas porque o risco é maior).
- Eletrodomésticos (verificar se é a mesma taxa para todos os produtos da mesma loja).
- Informática (taxas menores, característica do segmento).
- Móveis (tradicional em vender a longo prazo "sem juros").
- Turismo (viagens internacionais: a prazo "sem juros", porém com a variação do dólar).
- Outros (quaisquer outras ofertas a prazo).

☞ "QUANDO A ESMOLA É MUITA, O SANTO DESCONFIA"

Os bancos estão se preparando para os novos tempos de inflação controlada, com juros baixos e concorrência acirrada pela entrada de capital estrangeiro no setor. Como os ganhos de aplicação no mercado financeiro minguaram e as tarifas bancárias já estão vergonhosamente altas, sobra atacar o mercado de crédito, segmento em que as tais reciprocidades, tipo seguros, previdência complementar, fundos de capitalização e outros produtos de marketing financeiro são empurrados para os clientes desavisados. Aliás, não é à toa que quem pega dinheiro emprestado é chamado de "tomador"...

Nesse contexto, dá para notar que agora, com a concorrência dos bancos oficiais, os bancos deram para ficar com "peninha" dos tomadores de recursos dos cheques especiais e dos rotativos dos cartões e estão oferecendo linhas alternativas com juros mais baixos, o que não significa que sejam baratas.

Nunca é bom pegar dinheiro emprestado para comprar a prazo neste país, onde os *spreads* bancários são os maiores do mundo, com os impostos do governo-goela-grande maltratando mais ainda os pobres-coitados-pobres sem educação financeira.

NEGOCIAÇÃO DE COMPRAS A PRAZO

É verdade que há casos de urgência e necessidades prementes em que o financiamento é inevitável. Nesses casos, o ideal é correr atrás de linhas de crédito subsidiadas pelos fabricantes dos respectivos produtos ou ofertadas por acordos das lojas com os cartões de crédito, parceladas "sem juros" ou com juros bem baixos, conforme se vê nos anúncios. No entanto, é preciso muito cuidado com o preço de referência à vista, o qual pode ter sido inflado para embutir os juros, coisa que é bastante comum.

Os que estão pendurados nos cheques especiais ou no rotativo do cartão crédito devem tratar de procurar uma alternativa mais barata, nos próprios bancos, ou mudar de um cartão para outro. Há cartões financiando saldos devedores de cartões concorrentes com juros bem menores. Essas operações sempre valem a pena, pois as linhas de crédito prefixadas são bem mais baratas que as *stand-by* (crédito aberto para ser utilizado sem consulta prévia).

Considere um montante de R$ 1.000,00 devido no cheque especial ou no cartão na taxa de 10% ao mês, que vá ser paga amortizando R$ 200,00 por mês mais os juros do período.

Compare com uma oferta de crédito pessoal parcelado em 5 mensais em um banco não tão guloso, na taxa de 5% ao mês. Assim, as contas são as seguintes:

Cheque especial: 300,00 + 280,00 + 260,00 + 240,00 + 220,00 = 1.300,00 mais IOFs...
Crédito pessoal: 5 parcelas mensais de 230,97 = 1.154,85

Como se vê, as ofertas são bem mais convenientes, embora ainda custem bem caro em comparação com as atuais taxas de aplicação. Mas também não se pode esquecer que os bancos não têm nada de bonzinhos...

COMO ADMINISTRAR AS CONTAS DA CASA

Vale lembrar vários ditados e dizeres que fazem referência ao fato, pois os bancos não pregam pregos sem estopa. Tem até uma música famosa do Ataulfo Alves que cantava:

'Laranja madura, na beira da estrada, está bichada, Zé,
ou tem marimbondo no pé..."

Luís Carlos Ewald, para o site Investshop,
setembro de 2001

7
CUIDADOS AO PEGAR DINHEIRO EMPRESTADO

Este capítulo trata das operações de empréstimo disponíveis num mercado totalmente controlado pelos bancos, por isso todo o cuidado é pouco para não cair nas garras de um sistema voltado para explorar o tomador.

Muita atenção nas linhas de crédito oferecidas nos cheques especiais e naquelas do rotativo dos cartões de crédito, segmento também controlado pelos bancos, pois as taxas de juros são insuportáveis e as estratégias do marketing financeiro são ardilosas.

> Jamais pegar dinheiro emprestado oferecido na rua por camelôs de agiotas que distribuem ofertas de "dinheiro na hora sem avalista e sem SPC". Não caia nessa: é suicídio financeiro!

CUSTO DO CHEQUE ESPECIAL

Apesar de todo esforço para controle do orçamento, vai chegar um dia em que poderá ser necessário tapar um buraco nas finanças caseiras, seja porque uma atividade de lazer consumiu mais do que se planejava ou porque um imprevisto qualquer impactou o caixa da família.

Nesses casos de necessidade de cobrir o caixa imediatamente, e por curto espaço de tempo, a solução é usar o cheque especial dos bancos, linha de crédito quase sempre disponível para todos os bons clientes.

Como se sabe, o cheque especial é um empréstimo *stand-by*, ou seja, o valor aprovado fica disponível para ser usado a qualquer tempo e só custa juros durante o tempo em que for utilizado.

COMO ADMINISTRAR AS CONTAS DA CASA

O problema é que o custo do cheque especial é muito alto, com taxas de juros que resultam em valores impagáveis, se o uso for por muito tempo. Para quebrar um galho de uma emergência, uma utilização *vapt-vupt*, dá para aguentar, já que se estará pagando essa taxa de juros alta por muito pouco tempo.

> Ficar usando o cheque especial por muitos dias é um outro suicídio financeiro e levará por água abaixo todo o esforço de controle das contas domésticas.

Além das altas taxas, tem ainda uma bela mordida do governo-goela-grande: o IOF aumentado pela "perda" da CPMF. Cobra quando se saca do cheque especial e quando se deposita de volta na conta, pois interpreta que a operação é um empréstimo em conta corrente, donde existe uma movimentação interna na conta. Daí, vai lá o Governo e não perdoa: tributa!

Mas, apesar de todos os conselhos, às vezes acontece de crescer a tal bola de neve do cheque especial. A solução é detectar o mais rápido possível a dificuldade de repor o saque e partir para solicitar ao banco uma operação de crédito pessoal (empréstimo feito numa linha de crédito que tem juros bem menores, podendo ser parcelado), de modo a cobrir o custo extorsivo das taxas de juros do cheque especial.

Quando o cheque especial está sendo usado "direto", fugindo à sua finalidade de quebra-galho, o banco sabe que o risco está aumentando e aceita oferecer uma operação de salvamento, com taxas razoáveis, bem mais baixas, para quitar o saldo devedor do cheque especial. Assim, quando o saldo devedor é quitado por esse empréstimo, o cliente fica sem o limite do cheque especial até pagar o financiamento.

Para se ter uma ideia de como cresce a bola de neve para quem fica utilizando o cheque especial o tempo todo, basta uma informação sobre quanto custa ficar devendo R$ 1.000,00 durante 8 meses na taxa de 10% ao mês: após esse prazo a dívida é mais do que o dobro do valor: R$ 2.143,59! É pouco ou quer mais?

CUIDADOS AO PEGAR DINHEIRO EMPRESTADO

CUSTO DO ROTATIVO DO CARTÃO DE CRÉDITO

O cartão de crédito é um confortável e poderoso instrumento de marketing que, se mal utilizado, pode levar uma família à bancarrota. As despesas feitas com esse cartão devem estar estritamente dentro do orçamento previsto, e sua utilização deve servir somente para ajudar no fluxo de desembolso das contas a pagar, pois é um instrumento prático e adequado para controlar despesas.

Com controle e administração do seu uso, dá para se defender uns trocados a mais. As compras feitas e pagas em até 35 dias depois, dependendo da data de vencimento da fatura, permitem uma boa flexibilidade para administração das contas da casa, conforme o Orçamento Doméstico.

> É preciso muito cuidado com as despesas pagas com os cartões de crédito, porque, se faltar numerário para pagar as contas no vencimento da fatura, crescerá uma outra bola de neve para cima do devedor.

Além do mais, nas lojas que trabalham com cartão de crédito e são ágeis na sua administração, consegue-se desconto para pagamento à vista, pois, como vimos no capítulo 3, as taxas cobradas do comerciante e o prazo em que ele recebe da administradora do cartão compensam a negociação de um bom desconto. Ou seja, para quem tem o dinheiro para pagar à vista, só vale pagar com cartão em situações em que é inviável ou deselegante tentar uma negociação. É o caso de restaurantes, compra de passagens, *check out* em hotéis, supermercados e outros estabelecimentos afins.

O maior problema da sedutora utilização do cartão está no pagamento da fatura. A maioria dos cartões oferece a opção de um pagamento mínimo de 20% com financiamento rotativo para o saldo remanescente, numa taxa de juros digna dos banqueiros administradores dos cartões: mais de 10% ao mês sobre o saldo devedor!

COMO ADMINISTRAR AS CONTAS DA CASA

> CUIDADO: Se houver um dia sequer de atraso nesse pagamento mínimo de 20% da fatura, os cartões de crédito cobrarão 2% do total da fatura, o que significa 10% sobre o que foi atrasado.

Outro ponto que merece especial atenção: os parcelamentos sem juros nas compras com cartões de crédito. Oferecidos por convênios com algumas lojas e respectivos produtos, tipo locadoras de veículos, hotéis e agências de viagem, esses parcelamentos não estão sujeitos a descontos porque não há contato que permita a negociação.

Acaba que são condições que valem a pena aproveitar, mas merecem atenção porque o valor total das parcelas futuras bloqueará o seu saldo. Assim, se o seu limite não for alto, foi-se o saldo disponível...

> CONCLUSÃO: Se você não for organizado ou não tiver perfeito controle das suas contas, irá se dar mal com o uso dos cartões de crédito, pois, ao contrário da propaganda de um desses cínicos cartões, se você precisar dele, aí é que ele não irá lhe ajudar mesmo...

Se a situação fugir ao seu controle, consulte seu banco para fazer uma operação de empréstimo pessoal como aquela explicada no início deste capítulo, antes que a dívida fique impagável.

Uma importante observação a mais: não entre nessa de pagar anuidade sem negociar, pois o bom cliente usuário goza de benefícios conforme as promoções do cartão. Para atrair cliente novo, qualquer cartão também dá isenção de anuidade; logo, basta ameaçar mudar de cartão, se houver dificuldade, para se negociar a taxa. Se fizerem jogo duro, cumpra a ameaça, pois bom cliente é sempre aceito de bom grado pela concorrência.

CUIDADOS AO PEGAR DINHEIRO EMPRESTADO

OPERAÇÕES DE CRÉDITO PESSOAL E DE CRÉDITO DIRETO AO CONSUMIDOR

Uma tradicional linha de crédito disponível para pessoas físicas é derivada das operações de empréstimo parcelado para compra de bens de consumo duráveis. Tempos atrás, a moda era pegar dinheiro em banco por meio do desconto de uma nota promissória; hoje, o mais usual é o banco oferecer uma operação de crédito pessoal para ser liquidada em parcelas mensais iguais.

Essas operações tiveram origem nas linhas de CDC — Crédito Direto ao Consumidor —, utilizadas pelo comércio varejista para vender bens de consumo duráveis sem a incidência de impostos por conta da venda a prazo: a partir do preço à vista da nota fiscal, a operação de financiamento fica sujeita apenas ao imposto sobre operações financeiras, mais conhecido por IOF.

As operações de CDC feitas diretamente pelos bancos para financiar bens duráveis, como automóvel, geladeira, ar condicionado etc., costumam ser vantajosas para o cliente dos bancos. A compra pode ser feita à vista pelo melhor preço e o financiamento obtido diretamente do banco que tiver a melhor taxa, conforme se viu no capítulo anterior.

As operações de Crédito Pessoal Parcelado constituem uma linha de crédito concedida para o cliente que necessita de dinheiro por algum tempo e é amortizada com juros em parcelas mensais iguais, com taxas bem mais suportáveis que aquelas dos cheques especiais. Por isso mesmo é que é recomendada para quem tiver se distraído na utilização do cheque especial, de modo a estancar a fúria de juros que acaba naquela bola de neve impagável.

O PENHOR DE JOIAS OU O POPULAR "PREGO"

Tem gente que, no desespero, sai vendendo tíquete de alimentação ou vale-transporte com descontos que variam de 20% a 30%. Sai dessa, ô meu: tá numa furada! Tenha a santa paciência, isso não é desespero, é pura preguiça ou burrice!

Por menos crédito que a pessoa tenha na praça, sempre haverá um amigo ou parente que simplesmente trocará o tíquete ou o vale-transporte por dinheiro, porque daí a instantes irá pegar o ônibus ou comer alguma coisa na lanchonete. Tem que correr atrás: "cobra que não anda não engole sapo"!

Nesse contexto, uma ótima alternativa para quem precisa de dinheiro de imediato, com custo relativamente baixo, é recorrer ao penhor de joias da Caixa Econômica.

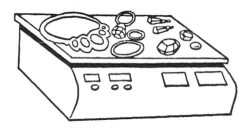

O empréstimo considera 80% do valor da avaliação de joia de ouro como o valor a pagar no vencimento. Normalmente só vale o peso do ouro contido na joia penhorada, sendo feita uma operação de desconto bancário, ou seja, com cobrança antecipada dos juros e mais uma taxa de seguro.

> A rapidez na obtenção do empréstimo, que não necessita de referências ou consultas a órgãos de proteção ao crédito, taxas de juros razoáveis, prazos flexíveis e facilidade de prorrogação são as grandes vantagens do penhor.

No vencimento do prazo contratado, o empréstimo permite prorrogação mediante pagamento antecipado dos juros do próximo período. As joias só irão a leilão se houver muito relaxamento, pois atrasos são permitidos e repetidos avisos dão conta do andamento da situação.

Até mesmo momentos antes do leilão é possível resgatar as joias mediante pagamento do empréstimo mais encargos devidos.

CUIDADOS AO PEGAR DINHEIRO EMPRESTADO

As taxas de juros efetivamente pagas são bastante razoáveis em comparação com as que os bancos cobram para operações de empréstimos pessoais, e os prazos a escolher são flexíveis, a partir de 4 semanas.

OS EMPRÉSTIMOS MAIS BARATOS

Quando alguém está endividado por qualquer motivo, a melhor e mais barata solução passa pela venda de bens que não tenham utilização produtiva, pois manter um bem de valor quando se está devendo qualquer quantia que custe juros é uma má administração financeira das contas familiares.

Exemplificando: se você estiver devendo R$ 2.000,00 no cheque especial de taxa de juros de 10% ao mês e ao mesmo tempo tiver na sua sala um lindo tapete desse mesmo valor, estará pagando R$ 200,00 por mês para ficar pisando nesse tapete. Pense bem: será que o seu prazer de pisar o seu lindo tapete vale essas 200 pratas a cada mês?

Bem, de qualquer maneira é também possível arranjar dinheiro barato: é só saber olhar em volta e identificar qual dos seus parentes tem aplicações financeiras e fazer uma proposta de pagar-lhe um pouquinho a mais do que ele ganha num Fundo de Investimento ou na Poupança. Isso significa tomar emprestado em taxas muito menores do que aquelas que os bancos cobram.

> Cuide bem do seu nome: se você tiver crédito,
> não será difícil arranjar o tal parente...

É verdade que para isso você precisa ter crédito, palavra essa que vem do latim *creditum*, que vem de *credere*, do verbo crer, ou seja, é preciso que esse parente acredite em você para poder trocar a segurança da aplicação financeira em banco pela pequena taxa adicional de rendimento prometida.

COMO ADMINISTRAR AS CONTAS DA CASA

Se ele não aceitar, não fique triste, pois lembre-se de que seu parente deve estar sabendo que "quanto maior o lucro, maior o risco"...

O CRÉDITO CONSIGNADO

Uma operação de empréstimo que está muito na moda é o Crédito Consignado. Esse empréstimo é um adiantamento obtido sobre salários mensais futuros ou sobre a aposentadoria mensal de meses futuros.

Como a negociação implica na retenção pelo banco de parte do salário mensal do tomador, o risco é mínimo para o banco, principalmente quando é um aposentado do INSS. Por isso a taxa é bem atrativa, em geral a menor do mercado.

A grande desvantagem: como é um adiantamento de parte do salário (no máximo 30% do valor) cobrado com juros (muitas vezes limitados por normas do governo) o tomador fica com a desagradável sensação de que está ganhando pouco... e não adianta reclamar.

No mais, vale a pesquisa em grandes bancos para pechinchar a taxa de juros.

8
POUPANÇA E INVESTIMENTOS

SOBROU DINHEIRO: COMO ADMINISTRAR AS SOBRAS

Todo esforço na administração de um Orçamento Doméstico para que sobre um saldo positivo tem como objetivo juntar quantias que possam ser aplicadas para se obter um rendimento. SOBROU DINHEIRO: qual a melhor aplicação?

> A melhor aplicação que existe é aquela feita no pagamento de empréstimos.

Para quem economiza e poupa será possível, em data mais à frente, satisfazer algum desejo que foi deixado para depois. Pode ser uma reforma da casa, uma sonhada viagem de férias, um intercâmbio no exterior para um filho ou pura e simplesmente uma poupança para complementar a aposentadoria, entre outras opções...

Com a nova conjuntura econômica brasileira que permitiu o controle da inflação, as taxas de juros para aplicação caíram a níveis bem menores que no período inflacionário, embora as de juros para empréstimos, dadas às goelas grandes da dupla bancos/governo, sejam ainda descaradamente altas.

Essa nova realidade de remuneração do dinheiro ocioso busca o equilíbrio de comportamento da economia constatado na história do *playboy* que teve que voltar a trabalhar, como foi contado no capítulo 5.

COMO ADMINISTRAR AS CONTAS DA CASA

Agora, nessa fase de adaptação a uma economia de baixa inflação e com tendência de queda nas taxas de juros até atingir padrões internacionais, o mais importante é economizar, ou seja, conseguir sobras no orçamento.

Sendo bem-sucedido na tarefa de obter sobras para aplicação, a decisão importante passa a ser a definição do seu perfil de investidor. Como já se sabe, "maior o lucro, maior o risco", donde a escolha do tipo de investimento que você quer fazer depende de sua propensão ao risco.

Não é saudável entrar em operações arriscadas, como no mercado de ações, se você for uma pessoa ansiosa e medrosa; seu caso será aplicar em títulos de renda fixa. Assim, existem basicamente dois tipos de investimentos no mercado financeiro: renda fixa e renda variável.

A renda fixa é constituída por aplicação em títulos prefixados, aqueles que têm a remuneração combinada no momento da compra, ou por títulos pós-fixados, que têm remuneração de acordo com a taxa de juros diária vigente, praticamente igual à dos títulos do Governo, ambas com prazo a ser escolhido.

A renda variável é a aplicação feita em ações, que remuneram o investidor com dividendos e com a valorização nos seus preços a longo prazo. Exatamente por essa valorização ser indefinida, podendo até perder valor, é que é classificada como renda variável. Quem quiser aplicar em ações deve sempre lembrar que é uma aplicação para longo prazo.

Por extensão desses conceitos, podem ser escolhidos os fundos de investimentos constituídos por títulos de renda fixa, pré ou pós, por ações ou, ainda, mistos.

Uma boa indicação para adotar uma filosofia de investimentos pode ser observada pela leitura do artigo "Não colocar todos os ovos na mesma cesta", editado a seguir.

POUPANÇA E INVESTIMENTOS

☞ "NÃO COLOCAR TODOS OS OVOS NA MESMA CESTA"

Essa expressão a gente aprende desde pequenininho, e acho que tem alguma coisa a ver com a história da Chapeuzinho Vermelho, que é sempre caracterizada por uma cestinha cheia de doces para a vovozinha, mas que foram todos devorados pelo lobo mau, tanto os doces como a pobre vovozinha...

Quando a gente cresce, descobre que existe a cesta básica, cheia de produtos para o pobre povo, mas que está sempre ameaçada de ser devorada pelo dragão da inflação.

Em se tratando de não pobres (o que não quer dizer que sejam ricos, mas simples remediados), vê-se que existe o dilema constante de decidir onde guardar as parcas sobras de orçamentos apertados, com uma tendência de querer aplicar tudo onde estiver dando mais rentabilidade.

E é aí que mora o perigo, pois a diversificação dos investimentos é fundamental para a diluição dos riscos, ainda mais que é sabido que "quanto maior o lucro, maior o risco". Deve-se, então, planejar uma cesta de investimentos que defina uma estratégia global para a poupança de toda uma vida, com um sortimento de produtos econômico-financeiros tal que o risco seja definido como o mais adequado.

Senão, vejamos: a caderneta de poupança é considerada um investimento de baixíssimo risco, mas teve um dia que uns malucos destemperados tascaram-na e ficou muita gente "a ver navios", num trauma que certamente mudou o comportamento de todas as gerações presentes ao triste evento, o qual, além de tudo, não deu certo. E então: não era seguro?

COMO ADMINISTRAR AS CONTAS DA CASA

Era, foi até devolvido o montante com reajuste, para os que restaram vivos, física ou financeiramente...

E os imóveis, não são bens de raiz como dizem? São, mas estão literalmente sujeitos a intempéries, tanto estruturais e físicas, como econômicas.

Ah, mas o dólar, esse escapou. Ah, é? E alguém tem peito de pagar para esfriar todo seu dinheiro, para depois pagar para esquentar de novo e ainda correr o risco físico de ser roubado, em casa ou no cofre assaltado do banco? E aguentar quando ele ficar mais de cinco anos praticamente congelado, como no início do Real?

Daí, meus amigos, que é bom ouvir a razão e os sábios ditados que dizem que "cautela e caldo de galinha não fazem mal a ninguém".

Para os dias de hoje, não é difícil planejar e diversificar estruturalmente seus investimentos, desde que não se pretenda sofisticações utópicas. Basta simplesmente dividir as atenções para quatro segmentos básicos, em partes aproximadamente iguais em valor investidos: imóveis, ações, renda fixa e o saldo em caderneta de poupança e dólar.

Os imóveis, numa economia que torcemos para chegar à estabilidade definitiva, tendem a buscar uma rentabilidade em torno de 0,5% ao mês, como proprietário ou em aplicação em fundos imobiliários e afins.

As ações, como se sabe, são um grande negócio, desde que compradas sempre para longo prazo, na baixa, sem euforia, com a carteira selecionada e acompanhada, mais ou menos a cada seis meses, por assessores.

As aplicações em renda fixa, explorando-se a concorrência entre os bons fundos, dão um razoável retorno no contexto atual. Se for muito o valor envolvido, uma assessoria de um *private bank* poderá direcionar para um CDB.

O que sobrar, deixar em poupança e um pouquinho em dólar. A poupança tem a vantagem de poder ser transferida na hora para a conta corrente. O dólar tem liquidez total, pode ser vendido até mesmo depois do horário bancário normal e a compra dentro de certos limites é autorizada pelo governo.

POUPANÇA E INVESTIMENTOS

APLICAÇÕES NA CADERNETA DE POUPANÇA

A aplicação na tradicional caderneta de poupança é bastante conhecida de todos e se caracteriza fundamentalmente pela sua segurança institucional. A remuneração é constituída por uma taxa de juros prefixada pelo Governo mais uma taxa de juros pós-fixada disfarçada de indexador, que a cada momento podem mudar, de acordo com o humor e a fome do Governo.

O rendimento é menor do que o de outras aplicações, porque o Governo cuida de não deixar ser alto para não onerar os tomadores de crédito imobiliário. Tem a grande vantagem da flexibilidade de operação nas ocasiões de depositar ou de sacar no ato, a qualquer momento, sempre sem burocracia, sem ter que esperar para falar com atendente ou gerente, e às vezes sem impostos, também conforme a goela grande do governo. Também se destaca pela aceitação de qualquer quantia, grande ou pequena, para depósito ou saque.

Uma boa sugestão para você continuar se familiarizando com os rendimentos das aplicações é dar uma lida no artigo editado a seguir.

☞ "A TAXA DE JUROS PODE VIRAR SUA AMIGA"

Nos tempos daquela malfadada inflação, fez bastante sucesso uma campanha institucional do Governo da época para explicar a correção monetária que indexava o país inteiro. Aquela bela peça de propaganda tentava mostrar a diferença de pontos de vista conforme o lado em que se situava o interessado.

Publicado o sempre-em-alta-índice-de-correção, aquele que estava comprando um imóvel se escondia apavorado atrás de um balcão do escritório, fazendo as contas do que ia ter que pagar de reajuste na prestação. Por outro lado, aquele que tinha dinheiro aplicado era visto subindo no mesmo balcão dando pulos de alegria, tal era o rendimento proporcionado pela correção monetária.

COMO ADMINISTRAR AS CONTAS DA CASA

Era tudo uma questão de ponto de vista, de qual lado o indivíduo estava.

Hoje não tem mais correção monetária, felizmente ou infelizmente, dependendo se você é endividado ou capitalizado, mas, em compensação, tem o tal do *spread* dos bancos e a tal da cunha fiscal do Governo, dois elementos de goela grande, usurpadores das economias dos pobres coitados dos tomadores.

Interessante notar que quem toma dinheiro emprestado é chamado de tomador, mas quem toma o dinheiro dos tomadores como é que é chamado? É um caso a pensar...

Assim, no contexto atual de taxas de juros de mercado, vê-se o endividado reclamando das altas taxas de juros cobradas nos cheques especiais e nos financiamentos, sofrendo ameaças de taxas mais altas ainda, ao mesmo tempo em que os aplicadores de capital reclamam de baixas taxas de remuneração.

Acontece que a melhor aplicação que existe para qualquer um é obtida no pagamento de suas próprias dívidas. Ou seja, quem estiver devendo tem que envidar os maiores esforços para quitar suas contas, para deixar de ser endividado e com isso parar de pagar juros "contrários". Após esse esforço hercúleo, às vezes à custa da venda de algum bem patrimonial, começa-se a pensar nos juros "favoráveis", isto é, aqueles que contam a seu favor.

Tem gente que fica devendo R$ 2.000,00 no cheque especial ou no rotativo do cartão de crédito, e tem no chão da sala um tapete desse valor. Na prática isso significa pagar a quantia de R$ 200,00 por mês (equivalente a 10% ao mês) para pisar no tapete! Vê se tem graça! Pelo menos se fosse um quadro pendurado na parede e com um visual terapêutico que diminuísse o estresse, se economizaria no analista...

Uma vez resolvido esse problema, muda-se de lado e começa-se a reclamar que as taxas de juros de aplicação estão muito baixas e que o Copom, embora tenha voltado a aumentar a taxa básica, continua pensando em executar o tal viés de baixa logo que a Argentina e o Cartel dos Bancos Doleiros assim o permitirem.

POUPANÇA E INVESTIMENTOS

Nesse ponto fica-se discutindo a aplicação num fundo de renda fixa ou renda variável, se a bolsa subiu ou desceu, se os derivativos são muito arriscados ou dá para aguentar os trancos, se abandona os resquícios de cidadania e torce para o dólar subir, se tira da poupança e torra tudo no consumo desvairado ou no lazer lascivo.

Enfim, mudou de lado: virou amigo da taxa de juros e conta com ela para viver de renda e deixar de trabalhar no futuro. Só que para isso tem que poupar por um bom tempo, fazer logo um bom plano de aposentadoria complementar e torcer para não aparecer nenhum sequestrador de economias privadas.

Sem esquecer que com essas taxinhas para aplicação, a aposentadoria oficial ficou um maná, pois para se ganhar líquido o equivalente ao teto máximo, tem-se que ter aplicado muita grana, muita grana, o que, convenhamos, não é para qualquer pobre brasileiro...

Luís Carlos Ewald, para *Conjuntura Econômica*,

agosto de 2001

APLICAÇÕES EM RENDA FIXA

As aplicações em renda fixa são aquelas em que se pretende saber quanto se vai ganhar. Tratar o assunto nos termos de "pretender ganhar" pode parecer conflitante com o conceito de renda fixa, mas acontece que essa classificação engloba uma parcela significativa das aplicações disponíveis no Brasil, que é a dos títulos pós-fixados, cuja rentabilidade só é avaliada ao final de períodos definidos de aplicação.

Existem, pois, aplicações prefixadas e pós-fixadas, ambas consideradas de renda fixa. Hoje a parcela mais significativa das aplicações disponíveis para pessoas físicas está direcionada para fundos de investimentos, que operam com esses títulos e oferecem ambas as opções. Os maiores sendo administrados por bancos e, por causa disso mesmo, tendo uma gorda fatia de seu rendimento mordida por eles sob a forma de taxa de administração.

COMO ADMINISTRAR AS CONTAS DA CASA

Recomenda-se especial atenção às taxas de administração cobradas pelos bancos nos fundos de investimentos, sem nenhuma cerimônia para perguntar sobre isso e até mudar de banco, se a mordida for fora de mercado. O problema é que o segmento parece ser concorrencial, mas na verdade é cartelizado...

Para quem tem muito e é atendido diretamente até pelo diretor do banco, vale a pena negociar a compra e aplicação em CDBs — Certificado de Depósito Bancário —, pois as taxas são maiores que as dos fundos de investimentos, os quais compram esses títulos e cobram para administrá-los.

Atenção: em CDBs não se tem liquidez como nos fundos e tem-se que esperar a data de resgate.

APLICAÇÕES EM RENDA VARIÁVEL (AÇÕES)

O final da história do "playboy e os juros" leva à conclusão óbvia de que as ações são, a longo prazo, a melhor aplicação para o capital, pois representam participação direta nos lucros de empresas.

O fato é que uma empresa bem-administrada, que esteja atuando num mercado estável e numa conjuntura econômica favorável, tende a obter uma taxa de retorno maior até do que aquela que os bancos cobram nos empréstimos.

O problema, como sempre, é o risco de não acontecer o previsto, ou de não ser escolhida a ação certa. Entre vários exemplos desastrosos estão aí casos extremos, tipo das americanas Enron e World.com, para exaltar o risco do mercado. No Brasil, várias empresas com ações nas mãos de investidores do mercado também entraram em falência e deixaram um prejuízo traumático.

Uma opção relativamente interessante para quem gosta de ações, mas não tem muito capital e não quer muito risco, é aplicar em fundos de investimentos em ações. No entanto, eles cobram taxa de administração, ganhe você ou perca, mas pode ser negociada...

POUPANÇA E INVESTIMENTOS

No caso das ações de empresas de capital aberto negociadas nas Bolsas de Valores, os investidores têm condições de avaliar os parâmetros necessários para a tomada de decisão, auxiliados por uma extensa rede de informações alimentada por departamentos técnicos de bancos, corretoras e administradores de recursos, e até sites financeiros especializados no acompanhamento on-line.

Para o interessado em aplicar em fundos de ações ou diretamente em ações, deve ficar bem claro que não há prazo definido para obter algum retorno desejado e que os recursos não devem ter data certa para serem sacados, sob pena de haver prejuízo.

A aplicação em ações deve ser de longo prazo; muitas das regras gerais, clássicas e conhecidas, mas pouco utilizadas, podem ser analisadas e assimiladas pela leitura dos artigos a seguir.

☞ "COMO AS BOLSAS SOBREVIVEM ÀS CRISES"

A história é sempre a mesma: a bolsa reage antecipadamente às expectativas, embora várias vezes seja surpreendida por fatos novos ou extraordinários. Nessas ocasiões, a reação do mercado relativa às incertezas reinantes é de expressar uma queda nas cotações das ações, por causa da falta de compradores.

Essa questão é muito simples e muitas vezes esquecida: o vendedor está sempre presente fazendo suas ofertas, pois há sempre alguém, naquele momento, precisando fazer dinheiro por meio da venda de ações, enquanto o comprador pode escolher sem pressa o momento que considera ideal para compra.

Além do mais, considerando a massa de pessoas comuns, o processo mental e emocional que leva a uma decisão de compra ou venda ocorre

COMO ADMINISTRAR AS CONTAS DA CASA

de maneira exatamente oposta à que deveria ser. Como todos já ouviram falar, deve-se comprar na baixa e vender na alta, mas, infelizmente, a emoção é burra e prejudica todo mundo.

Agora, mais uma vez, a história se repete, acentuada pelo fato do terrível atentado terrorista já encontrar o mercado acionário mundial dentro de um canal de baixa, como diz o jargão dos analistas de gráficos de ações. As ações, principalmente as negociadas no mercado americano da Nasdaq, já vinham, por boas razões, descendo ladeira abaixo há algum tempo, rompendo bolhas e mais bolhas...

(Por falar em Nasdaq, bolsa em que se negociam ações das empresas emergentes da Nova Economia, aí vai uma boa "dica" de cultura entreguista inútil, que pouca gente do mercado sabe, identificando o que resume essa sigla: "National Association of Securities Dealers Automated Quotations".)

E como nós, aqui no Brasil, somos eternos dependentes do Tio Sam, vemo-nos mais uma vez enrascados e pagando o preço por brincar de lançar ações lá fora, as quais são torradas a qualquer preço, na clássica ironia de ver as *blue chips* despencando exatamente por serem melhores e terem mais liquidez. "Mico" não cai de preço, pois ninguém consegue vender!

Além de tudo isso, ainda mais essa da Bolsa brasileira "restante" não estar bem das pernas. Também, quem mandou as corretoras se digladiarem e abrirem mão de suas tabelas de corretagens para adular Fundos e Fundações? Quem mandou achar chique negociar ADRs (American Depositary Receipts) em Nova York?

O fato é que, com todas essas incertezas e indefinições, a época é de baixa, e vários fatores devem ser considerados por potenciais investidores. Primeiro, porque crises e bolhas não são novidade para as bolsas, depois porque ações são quinhões patrimoniais das empresas, cujos bens são naturalmente valorizados em dólares e produzem mercadorias de valor de mercado. Ou seja, com a disparada do dólar para cima, junto com a queda acentuada das cotações das ações em reais, verifica-se que existe um espaço grande para, a médio e longo prazos, acontecer uma

POUPANÇA E INVESTIMENTOS

boa recuperação. Quanto mais não seja, quem comprar agora poderá se sentir confortável, pois estará pagando, em vários casos, menos de um terço do preço do que outros leigos maria vai com as outras animadinhos pagaram em períodos visivelmente de alta.

Afinal, qual é o ditado? Ora, comprar na baixa e vender na alta! Pode-se até melhorar essas instruções, para tornar mais fácil sua implementação:

> NÃO comprar na alta e NÃO vender na baixa...

Por conta dessas instruções, tenho um caso bem elucidativo na ocasião da guerra do Golfo. Depois de três ou quatro dias de acentuada queda nas bolsas, um amigo meu, ex-aluno do Curso de Pós-Graduação em Mercado de Capitais da FGV, passou na minha corretora para comprar ações, lembrando que, conforme meus ensinamentos, "quanto mais sangue no mercado, mais se identifica uma situação de compra".

Tentei demovê-lo, dizendo que ele estava louco, que a coisa estava preta, que tinha que esperar para ver o que ia acontecer. Não adiantou: ele sacou um caderno de anotações de aula, onde provou que eu dissera que, numa ocasião dessas, ele não deveria me ouvir, porque eu estaria influenciado e iria dizer para não comprar!

Ele mandou comprar e, depois de três semanas, vendeu com 30% de lucro real...

> O autor, Luís Carlos Ewald, estava operando na BVRJ na ocasião do *boom* de 1971, no "poço de água da Amazônia" em 1982, no *crash* de 1987, no "caso Nahas" em 1989 e na guerra do Golfo em 1991...
>
> *Conjuntura Econômica*, outubro de 2001

COMO ADMINISTRAR AS CONTAS DA CASA

☞ "O SOBE E DESCE DA BOLSA E DO SEU BOLSO"

Um fato antigo e conhecido de operadores de Bolsas de Valores é que eles ficam contentes não quando ganham, mas quando perdem menos!

Estranho, não é? É porque quando realizam um lucro, garantindo "algum", quase sempre ficam tristes porque a Bolsa ainda subiu um pouquinho; quando perdem, vendendo com prejuízo, ficam contentes porque a Bolsa caiu ainda mais e alguns amigos teimosos, que não obedeceram ao *stop loss*, perderam mais...

Por essas e outras é que essa história de que "só ganha quem está lá dentro" é papo-furado. Quem está lá dentro, operando a sua própria carteira de ações, quase sempre se deixa levar pela emoção burra. No entanto, quando a carteira é de terceiros, é fácil seguir as regras e dar opiniões isentas, sem estar torcendo por qualquer posição.

Assim, quem já é macaco velho e já viu acontecer de tudo nem estranha essa volatilidade maluca que se vê nos dias de hoje nas Bolsas do mundo todo e trata de executar o óbvio: caiu, compra; subiu, vende. Como muito pouca gente é capaz de fazer isso, a minoria que sabe operar é que dá substância ao "Axioma de Wall Street": "O que é óbvio para todos está obviamente errado!"

Quem está fora da Bolsa e pretende entrar deve então ficar de olho nos momentos propícios indicados por analistas isentos, dar uma olhada nos gráficos de mercado e lembrar que "ganha quem compra na baixa e vende na alta"!

"Ora, direis! Mas quando é a alta e quando é a baixa?" Ora, direi eu: alta é quando todo mundo só fala em Bolsa, as corretoras e sites estão entupidos de compradores, quando sai na capa das revistas, e baixa é quando ninguém acredita mais, diz que Bolsa já era, que nunca mais vai entrar nessa.

Só que todo esse papo é para quem gosta do jogo e quer ficar especulando. Quem tem um planejamento estrutural coerente com um bom futuro econômico e financeiro a longo prazo deve ter uma boa parcela de suas economias em ações, pois o empreendimento produtivo é o melhor negócio e o que gera o melhor retorno.

Senão, vejamos a história que se repete todos os dias: o playboy aplica a grana no banco, este enfia a faca emprestando para as empresas e estas ainda conseguem ganhar mais, pagando ao banco e dando lucro para o sócio-acionista. É necessário, porém, escolher o investimento e apostar em empresas promissoras, porque "quanto maior o lucro, maior o risco".

E quando se acredita mesmo nas aplicações em ações, pode-se ter calma, pode-se viver dos polpudos dividendos (que a cada queda de taxa de juros valem mais) e deve-se parar de sofrer com os noticiários diários de sobe e desce de cotações.

O problema aqui no Brasil é o governo que insiste em meter o bedelho na administração das estatais e concessionárias, o que abala a confiança dos investidores em geral.

Por acaso a gente se preocupa com o preço do seu apartamento, consultando diariamente os jornais para ver os preços anunciados? É sempre bom lembrar que ação é negócio para longo prazo: comprar sempre e vender quando precisar...

> O autor, Luís Carlos Ewald, operava no pregão da BVRJ, entre outros eventos sérios, durante o *boom* de 1971 e na ocasião do "caso Nahas", dois momentos de grande pressão especulativa e de alta volatilidade, bons para o aprendizado prático.
>
> *Investshop*, 6 de janeiro de 2001

PLANOS DE PREVIDÊNCIA PRIVADA

Uma boa opção de investimento a longo prazo passou a ser a aplicação em planos complementares de aposentadorias oferecidos e administrados por bancos e seguradoras, e que, na prática, representam um compromisso programado de poupança.

COMO ADMINISTRAR AS CONTAS DA CASA

Como a aposentadoria oficial do Governo para os aposentados da iniciativa privada é limitada por um teto, ela nem sempre atende à manutenção do padrão de vida de uma pequena parcela da população ativa. Surgiram, então, esses planos de previdência privada abertos a qualquer interessado e de bastante longo prazo, que oferecem opções adequadas sob vários apelidos oficiais tipo PGBL — Plano Gerador de Benefícios Livres, VGBL — Plano Vida Gerador de Benefícios Livres etc. Essa modalidade nada mais é do que uma poupança programada com uma opção ao final de um prazo: ou se faz um saque do valor capitalizado ou se aceita uma determinada pensão vitalícia, condições essas negociadas no momento da aposentadoria com a instituição depositária dessa poupança investida.

Antes de contratar um desses planos, o interessado deve correr atrás e se informar de suas características operacionais, benefícios fiscais e examinar suas conveniências de acordo com sua idade, pois o ideal é começar o mais cedo possível: depois de certa idade já não vale a pena.

Valer a pena significa fazer um esforço de poupança hoje para se beneficiar mais tarde, em momentos bem mais delicados: com o aumento da idade média crescente, será difícil emprego para todos por muito tempo depois de velho.

Importante lembrar, na hora de escolher o administrador de recursos para a Previdência Complementar, que o contrato é de muito longo prazo e que a instituição financeira escolhida deve ser totalmente confiável. Vivemos num país em que vários bancos aparentemente sólidos foram à falência e deixaram seus correntistas "a ver navios", pois foram-se seus planos de viagens futuras...

Também é importante pesquisar vários planos para não cair na conversa do marketing financeiro de algumas instituições que prometem mundos e fundos futuros, fazendo projeções fantasiosas de aplicações com taxas de juros reais de longo prazo. A recente queda dos juros de aplicação mudou as expectativas futuras.

A rentabilidade futura não é garantida e, na hora da venda do produto, a única certeza que se pode ter é que a instituição irá cobrar a sua comissão sempre, tenha ou não alcançado as metas apresentadas.

106

POUPANÇA E INVESTIMENTOS

A seguir um artigo que ilustra uma condição a ser analisada, pois quem for suficientemente organizado e planejado poderá optar por administrar o seu Próprio Plano de Previdência Complementar com vantagens significativas.

☞ "É MELHOR SOZINHO OU MAL-ACOMPANHADO?"

Duas das mais importantes aspirações de uma família que administra a sua Economia Doméstica podem ser alcançadas com ou sem a ajuda de bancos, donde podemos logo identificar quem é a má companhia. Os objetivos dizem respeito à aquisição da casa própria e à poupança para a aposentadoria.

Nem sempre os bancos são uma má companhia, pois quem tem muito se dá bem nas aplicações com as altas taxas de juros, hoje e sempre nos últimos tempos, nas alturas, catapultadas por um generoso Banco Central, que, como o próprio nome indica, é um banco. Eles se tornam uma péssima companhia quando ficam na outra ponta, naquela em que emprestam grana para quem tem pouco, isto é, para os tomadores.

Isto posto, resta ver se as decisões relativas a cada um desses sonhos serão tomadas por conta própria ou se será indispensável a ajuda daquele administrador externo que sempre levará o seu, isto é, levará o "dele" tirando do "seu"...

Com relação à casa própria, há várias considerações a fazer, começando pelo aspecto emocional e psicológico que envolve esse bem de raiz na estrutura da economia familiar. Todo mundo tem sempre a preocupação com a casa própria e esse é um dos objetivos primários da Economia Doméstica, por menos que ela exista ou menos atuante que ela seja; e quanto menos favorecido e pobre for o núcleo familiar, mais importante será chegar a esse objetivo, concorrendo de perto com a educação dos filhos.

Para locatários (inquilinos), o mercado de aluguel encontra seu equilíbrio no aluguel mensal no entorno de 0,5% a 1,0% do valor de mercado do imóvel, sendo maior o percentual para imóveis menores, bastante

107

COMO ADMINISTRAR AS CONTAS DA CASA

procurados, pois esses imóveis são ocupados por quem um dia, mais adiante, pretende comprar o seu um pouco maior, ao contrário dos imóveis maiores, que geralmente são ocupados por seus donos.

Assim, comparando esse percentual do valor do imóvel, relativo ao aluguel mensal, com as taxas de juros e despesas embutidas cobradas na aquisição do imóvel próprio financiado pelos bancos com *funding* (origem dos recursos) nas cadernetas de poupança, pode-se chegar à importante conclusão.

É muito mais vantajoso alugar e guardar a diferença, aplicada nas altas taxas de juros sempre vigentes no país, para mais adiante comprar à vista, ou com uma grande entrada, seu imóvel próprio, sem ficar enredado com saldos devedores impagáveis.

Esses saldos, gerados por eventuais planos econômicos que no passado recente só beneficiaram os banqueiros, "calcaram" os mutuários, ajudados por algumas decisões judiciais inconsequentes, as quais, felizmente, no momento se encontram em processo de reconsideração, aparentemente a salvo dos *lobbies* dos banqueiros e de governos inconsequentes.

Com relação à outra grande preocupação, a Aposentadoria, está na moda a tal Previdência Privada, que deverá, no momento da aposentadoria oficial, complementar o rendimento planejado para uma terceira idade digna e confortável.

Essa modalidade nada mais é do que uma poupança programada com uma opção ao final de um prazo: ou se faz um saque do valor capitalizado ou se aceita uma determinada pensão vitalícia, condições essas negociadas com o banco depositário dessa poupança investida.

Aí é que mora o perigo: como o banco administra o seu, é claro que ele leva o dele, cobrando a tal taxa de administração que varia de 2% a 6% ao ano, taxa essa que em países desenvolvidos representa o ganho anual da aplicação! Além do mais, todos cobram uma outra taxa, a tal taxa de carregamento, de 5% sobre todo valor depositado, isto é, a cada R$ 1.000,00 poupados só são aplicados R$ 950,00!

Além desse dízimo, o cuidado que o poupador-tomador tem que ter é com as projeções fantasiosas de valores futuros, as quais são feitas

POUPANÇA E INVESTIMENTOS

ao bel-prazer de taxas que atendem ao marketing dos bancos para seduzir o cliente interessado.

Resumo da história: devemos nos aventurar sozinhos na compra da casa própria, poupando hoje para comprar depois ou então caindo nas garras dos financiamentos imobiliários, ou devemos poupar sozinhos e aplicar por conta da aposentadoria, sem ter que pagar a administradores de goela grande?

Bem, aí isso é uma decisão exclusivamente pessoal: a teoria é diferente da prática na maioria desses casos, pois são muito poucas as pessoas suficientemente organizadas para poder optar pela própria administração dessas contas.

O normal é as pessoas precisarem dessa babá financeira que é o banco. Este, na hora de debitar em conta a parcela contratada, tira até do cheque especial, e lá vamos nós correndo tentar cobrir; na administração pessoal eu duvido que alguém saque a 12% ao mês do especial para ganhar menos de 1% ao mês no Plano, donde não vai depositar o que tinha combinado consigo mesmo...

Então, será melhor sozinho ou mal-acompanhado?

Luís Carlos Ewald, para *Conjuntura Econômica*,
em março de 2003

RENDAS DE ALUGUEL DE IMÓVEIS

Viver de aluguel é uma boa ideia proposta para se desfrutar de uma aposentadoria tranquila. Os imóveis são chamados de bens de raiz, pela sua natureza segura e estável. Sob a ótica de rendimentos sobre o valor aplicado, apresentam uma taxa real bastante atraente que varia em torno de 0,5% do valor do imóvel.

O aluguel é um rendimento taxado pelo imposto de renda e varia em função de várias características do imóvel, tais como dimensões, localização, benfeitorias, prazo de locação e cadastro do locatário. Por

COMO ADMINISTRAR AS CONTAS DA CASA

curiosidade, já que todos confundem, é bom ressaltar que locador é o dono do imóvel que recebe o aluguel e locatário é aquele que vai morar no imóvel alugado...

Dividindo-se o valor do aluguel pelo do imóvel, obtém-se a taxa de rendimento real do capital que está aplicado, visto que esse capital está protegido da inflação pela valorização natural.

Esse rendimento considerado taxa de aplicação é maior nos imóveis menores, que são até chamados de imóveis de aluguel. A relação é inversa ao tamanho: quanto maior o imóvel, menor a taxa de aluguel por metro quadrado, mantidas as outras condicionantes.

Isso porque a procura para alugar é muito maior para os pequenos, pois é para a faixa de baixa renda e são geralmente residências temporárias, provisórias, até melhorar de vida, ou resolver pendências, tipo casamento precipitado ou fase inicial de separação. Há sempre compradores para imóveis pequenos por parte de tradicionais investidores que buscam essas taxas atraentes. O aluguel é maior, mas, como diz a regra, "maior o lucro, maior o risco"...

Já o imóvel grande geralmente é próprio, de uma fase da vida mais resolvida, com pouco mercado para o aluguel, pois não há investidores nessa faixa. Só é alugado para empresas que querem alojar altos funcionários importados ou beneficiários de mordomias. Nessas condições, o aluguel é de alto valor, embora com baixa rentabilidade para o proprietário porque têm pouca procura.

É interessante notar que essas taxas de rentabilidade estão no mesmo nível de taxas de aluguel de economias estáveis, em que não faltam oportunidades de aquisição de casa própria, e, mesmo estando em outro mercado, as concorrentes taxas de juros no Brasil têm sido muito mais altas que as internacionais.

No entanto, quando a taxa de aluguel cai abaixo de 0,5% é sinal de que os preços dos imóveis estão irreais e/ou que os inquilinos estão "sem poder de compra", isto é, não tem dinheiro para pagar o que seria a taxa normal de 5%. Seria sinal de uma crise imobiliária? Tudo que sobe muito de repente acaba caindo.

9
CÁLCULO DE MARGENS DE LUCRO EM PEQUENOS NEGÓCIOS

A EQUAÇÃO DO PREÇO DE VENDA

É bastante comum que algum membro da família tenha uma atividade caseira, artesanal ou semiartesanal, que represente uma receita a mais para a casa.

Atividades como corte e costura, bolos e tortas, artesanatos, fabricação de pequenos produtos ou compra de mercadorias para revenda implicam a apuração dos respectivos custos e o cálculo de quanto se quer ganhar na venda de cada produto.

Passa a ser, então, muito importante o conhecimento dos conceitos básicos de margens de lucro para a fixação do preço de venda desses produtos.

As transações que envolvem venda de mercadorias, e eventualmente serviços, dependem sempre de três fatores fundamentais que constituem a seguinte relação:

> Preço de Venda = Preço de Custo + Lucro.

A avaliação do lucro apurado tem critérios definidos na prática, de modo a identificar para os administradores ou fabricantes se vale a pena, ou não, a transação. A quantificação desse lucro é outra aplicação corrente das porcentagens.

Percentuais são encontrados no cotidiano das operações comerciais quando se procura definir margens de lucro nas transações com mercadorias. Essas margens de lucro podem ser relacionadas ao preço de custo ou ao preço de venda da mercadoria.

LUCRO EM FUNÇÃO DO PREÇO DE CUSTO (*MARK UP*)

Após apurar o custo de uma mercadoria, a diferença, em valor, entre esse custo e o preço de venda é o lucro. Quando se quer saber quanto representa esse lucro comparado com o custo, divide-se o lucro pelo custo e obtém-se um percentual chamado comercialmente de *mark up*.

O *mark up* é importante porque mostra quanto se está ganhando percentualmente ao comparar os materiais aplicados em todo o processo de fabricação do produto (ou, no caso de comercialização, o custo de aquisição para revenda) com o preço de venda realizado. Após essa análise, pode-se concluir se é satisfatório esse lucro em relação ao capital investido, ao tempo que o produto consumiu na sua fabricação e ao tempo que levou em estoque até ser vendido. Ou seja, se vale a pena continuar trabalhando com esse produto...

Após essas considerações, podemos entender a equação do *mark up*.

> Preço de Venda = Preço de Custo + % do Preço de Custo.

Exemplos:

1. Uma blusa de seda custa o preço unitário de R$ 21,00 e deseja-se um lucro de 40% sobre o preço de custo. Determinar o preço de venda unitário para essa blusa.

CÁLCULO DE MARGENS DE LUCRO EM PEQUENOS NEGÓCIOS

Solução:
Pegue uma Calculadora e multiplique R$ 21,00 por (1 + 40%, o percentual desejado), ou seja, multiplique por 1,40, o que resultará no Preço de Venda de R$ 29,40.
Esse preço de R$ 29,40 dará um lucro de 40% sobre o custo da blusa.

2. O custo para preparar uma torta de chocolate com vinte porções é de R$ 11,20 e deseja-se um lucro de uma vez e meia o custo apurado, ou seja, 150% sobre o custo. Nessas condições, determinar o preço de venda ao consumidor.

Solução:
Pegue uma Calculadora e multiplique R$ 11,20 por (1 + o percentual desejado de 150%), ou seja, multiplique por 2,50, o que resultará no Preço de Venda de R$ 28,00.
Esse preço de R$ 28,00 dará um lucro de 150% sobre o custo da torta.

LUCRO EM FUNÇÃO DO PREÇO DE VENDA (MARGEM)

O Lucro na venda de uma mercadoria, tendo como referência o próprio Preço de Venda, é muito importante para se saber quanto se está ganhando, quando se controla o volume de vendas.

Assim, por exemplo, se um vendedor de uma loja ganha o percentual de 4% nas vendas por ele efetuadas, ele sabe quanto estará ganhando ao  consultar quanto ele vendeu no final do expediente. O patrão, acompanhando o faturamento da loja, saberá quanto estará ganhando, desde que ele conheça a chamada Margem sobre o Preço de Venda.

O lucro definido em função do preço de venda de uma mercadoria é o valor obtido pela diferença entre o preço de venda e o custo, dividido pelo preço de venda. O índice percentual obtido por essa relação, chamado

COMO ADMINISTRAR AS CONTAS DA CASA

de margem, é muito utilizado porque identifica quanto se está ganhando em relação a qualquer faturamento realizado.

Mantida a relação:

Preço de Venda = Preço de Custo + Lucro.

para o caso do cálculo da margem, tem-se o lucro como um percentual do preço de venda:

Preço de Venda = Preço de Custo + % do Preço de Custo.

Nessas condições, toda vez que se apura o total vendido de um produto, ou até mesmo o faturamento de uma empresa, conhecida a margem pode-se determinar quanto se está ganhando. É comum observar vendedores de lojas anotando, às vezes na própria mão, as vendas efetuadas, pois com isso ficam sabendo quanto irão ganhar no fim do dia, conhecida a comissão percentual sobre o preço de venda.

Exemplos:

1. Uma blusa de seda custa o preço unitário de R$ 21,00 e deseja-se um lucro de 40% sobre o preço de venda (margem de 40%). Determinar o preço de venda unitário para essa blusa.

Solução:
Pegue uma Calculadora e divida R$ 21,00 por (1 – o percentual desejado de 40%), ou seja, divida por 0,60, o que resultará no Preço de Venda de R$ 35,00.
Esse preço de R$ 28,00 dará um lucro de 150% sobre o preço de venda da blusa.

CÁLCULO DE MARGENS DE LUCRO
EM PEQUENOS NEGÓCIOS

Esse preço de R$ 35,00 estará proporcionando um lucro de 40% sobre o preço de venda da blusa, isto é, uma margem de R$ 14,00.

Aqui tem-se que 40% de 35,00 = 14,00... donde:

35,00 – 14,00 = 21,00 (custo).

2. O custo para preparar uma torta de chocolate com vinte porções é de R$ 11,20 e deseja-se vender com uma margem de 50% (o mesmo que dizer: um lucro de 50% sobre o preço de venda). Nessas condições, determinar o preço de venda ao consumidor.

Solução:

Pegue uma Calculadora e divida R$ 11,20 por (1 – o percentual desejado de 50%), ou seja, divida por 0,50, o que resultará no Preço de Venda de R$ 22,40.

Esse preço de R$ 22,40 dará um lucro de 100% sobre o preço de venda da torta de chocolate.

Ao mesmo tempo, esse preço de R$ 22,40 estará proporcionando um lucro de 50% sobre o preço da torta, isto é, R$ 11,20. Por aí se vê que o lucro é igual ao custo, ou seja, 100% do preço de custo, como pode ser examinado a seguir.

LUCRO MEDIDO EM FUNÇÃO DO CUSTO E DO PREÇO DE VENDA

Conhecendo-se o preço de venda e o custo de qualquer produto é possível identificar ao mesmo tempo o *mark up* e a margem desse produto.

Importante ter em mente que, em geral, o preço de venda de um produto é estabelecido em função de um mercado. O mercado conta com vários concorrentes, donde, conforme a política de preços vigente, é esse mercado que estabelece o preço mais adequado para venda. Costuma-se dizer em "economês" que, hoje em dia, "é o preço que faz o custo".

Nesse caso, dado o preço de venda, é necessário descobrir qual é o lucro obtido na venda do produto e identificar o *mark up* e a margem verificados.

Vale notar que sempre que o *mark up* for o dobro do custo, isto é, de 100%, a margem será de 50%; aliás, como foi visto no exercício anterior.

O EMPREENDEDORISMO

A palavra empreendedorismo está muito na moda, mas é preciso um cuidado especial para se tornar um empreendedor e ter que lidar com a realidade do mercado.

Primeiramente é importante examinar se o candidato a empreendedor é conhecedor do ramo escolhido para atuar.

Depois, é fundamental ter noções básicas de administração para poder tocar o negócio por conta própria.

É bom lembrar que neste país já se diz que depois de 5 anos 90% dos empreendimentos quebram ou o empreendedor muda de ramo, ou ainda, são vendidos para terceiros. Olho vivo, pois!

AS LIÇÕES ACABAM POR AQUI.

Se você for bem-sucedido na implantação e administração do seu Orçamento, certamente poderá proclamar:

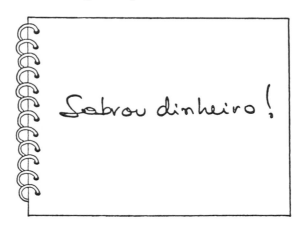

APÊNDICE

Planilhas de Orçamento Doméstico

MÊS: ABRIL DE 2003

RECEITAS

Salário bruto 1 ....R$	1.758,00
(-) INSS ....(-)	171,77
(-) IR na fonte..............(-)	79,23
(-) (Outros)..................(-)	5,00
Salário líquido 1 ....R$	1.502,00
Salário bruto 2...........R$	800,00
(-) INSS ....(-)	88,00
(-) IR na fonte..............(-)	–
(-) (Outros)..................(-)	10,00
Salário líquido 2........R$	702,00
Renda: Aplicações......R$	38,00
Outras receitas...........R$	205,00
Receita líquida...........R$	2.447,00

TOTAIS

Receita líquida.............R$	2.447,00
Comer...........................R$	445,00
Morar............................R$	731,00
Vestir............................R$	196,00
Cuidados pessoais.......R$	209,00
Saúde............................R$	347,00
Estudar ....R$	331,00
Lazer.............................R$	197,00
Ir e vir ....R$	147,00
Desp. financeiras.........R$	170,50
Despesas......................R$	2.773,50
SALDO...........................R$	–326,50

COMER

Supermercado...............R$	280,00
Feira ....R$	60,00
Açougue.........................R$	18,00
Padaria..........................R$	60,00
Refeições.......................R$	15,00
Outros...........................R$	12,00
Total ....R$	445,00

MORAR

Aluguel/prestação........R$	320,00
Condomínio ....R$	60,00
Manutenção...................R$	25,00
Impostos/Seguros........R$	73,00
Água/Luz/Gás ....R$	51,00
Empregados ....R$	80,00
Telefones.......................R$	105,00
Internet.........................R$	17,00
Bens adquiridos............R$	–
Outros...........................R$	–
Total ....R$	731,00

COMO ADMINISTRAR AS CONTAS DA CASA

VESTIR

Roupas de homem	R$	35,00
Roupas de mulher	R$	18,00
Roupas de criança	R$	40,00
Calçados de homem	R$	–
Calçados de mulher	R$	31,00
Calçados de criança	R$	72,00
Outros	R$	–
Total	R$	196,00

ESTUDAR

Colégio	R$	212,00
Faculdade	R$	–
Material escolar	R$	21,00
Cursos	R$	–
Livros	R$	25,00
Jornais e revistas	R$	33,00
Mesada/Merenda	R$	40,00
Outros	R$	–
Total	R$	331,00

CUIDADOS PESSOAIS

Corte/Escova	R$	50,00
Manicure	R$	24,00
Depilação	R$	18,00
Xampu/Cremes	R$	45,00
Barba/Cabelo	R$	12,00
Academia	R$	60,00
Outros	R$	–
Total	R$	209,00

LAZER

TV a cabo	R$	–
Locadora	R$	24,00
CDs/DVDs	R$	15,00
Restaurante	R$	90,00
Cinema	R$	28,00
Teatro	R$	–
Shows/Eventos	R$	–
Clube	R$	40,00
Viagens	R$	–
Outros	R$	–
Total	R$	197,00

SAÚDE

Seguro-saúde	R$	163,00
Seguro de vida	R$	–
Médicos	R$	–
Psicólogo	R$	–
Dentista	R$	75,00
Fisioterapia	R$	30,00
Exames	R$	–
Farmácia	R$	62,00
Outros	R$	17,00
Total	R$	347,00

IR E VIR

Estacionamento	R$	12,00
Combustível	R$	75,00
Oficina	R$	–
Passagens	R$	8,00
Seguro de veículo	R$	52,00
Outros	R$	–
Total	R$	147,00

PLANILHAS DE ORÇAMENTO DOMÉSTICO

DESPESAS FINANCEIRAS (cuidado: cupim do orçamento)		
Imposto de renda a pagar	R$	–
Juros de empréstimos bancários	R$	61,00
Juros de cheque especial	R$	43,00
Juros rotativos de cartão de crédito	R$	14,00
Anuidades de cartão de crédito	R$	22,00
Multas por atrasos diversos	R$	12,00
Tarifas bancárias	R$	18,50
Outros	R$	–
Total	R$	170,50

RECEITAS	menos	DESPESAS	igual	SALDO
R$ 2.447,00	–	R$ 2.773,50	=	R$ – 326,50

Como se vê neste exemplo, o saldo foi negativo e será necessário cobrir com reservas ou com o cheque especial.

Em suma, NÃO SOBROU DINHEIRO!

COMO ADMINISTRAR AS CONTAS DA CASA

Planilhas de Orçamento Doméstico

MÊS:

RECEITAS

Salário bruto 1 .... R$
(-) INSS .... (-)
(-) IR na fonte .... (-)
(-) (Outros) .... (-)
Salário líquido 1 .... R$

Salário bruto 2 .... R$
(-) INSS .... (-)
(-) IR na fonte .... (-)
(-) (Outros) .... (-)
Salário líquido 2 .... R$

Renda: Aplicações ...... R$
Outras receitas .... R$

Receita líquida .... R$

TOTAIS

Receita líquida .... R$

Comer .... R$
Morar .... R$
Vestir .... R$
Cuidados pessoais .... R$
Saúde .... R$
Estudar .... R$
Lazer .... R$
Ir e vir .... R$

Desp. financeiras .... R$

Despesas .... R$

SALDO .... R$

COMER

Supermercado .... R$
Feira .... R$
Açougue .... R$
Padaria .... R$
Refeições .... R$
Outros .... R$

Total .... R$

MORAR

Aluguel/prestação .... R$
Condomínio .... R$
Manutenção .... R$
Impostos/Seguros .... R$
Água/Luz/Gás .... R$
Empregados .... R$
Telefones .... R$
Internet .... R$
Bens adquiridos .... R$
Outros .... R$

Total .... R$

PLANILHAS DE ORÇAMENTO DOMÉSTICO

VESTIR

Roupas de homem ....R$
Roupas de mulher........R$
Roupas de criança........R$
Calçados de homem ....R$
Calçados de mulher.....R$
Calçados de criança.....R$
Outros...........................R$
_____
Total ....R$

ESTUDAR

Colégio............................R$
Faculdade ....R$
Material escolar..............R$
Cursos.............................R$
Livros ....R$
Jornais e revistas ....R$
Mesada/Merenda...........R$
Outros.............................R$
_____
Total ....R$

CUIDADOS PESSOAIS

Corte/Escova .... R$
Manicure....................... R$
Depilação...................... R$
Xampu/Cremes............ R$
Barba/Cabelo............... R$
Academia .... R$
Outros........................... R$
_____
Total .... R$

LAZER

TV a cabo...................... R$
Locadora....................... R$
CDs/DVDs..................... R$
Restaurante.................. R$
Cinema .... R$
Teatro........................... R$
Shows/Eventos.............. R$
Clube............................. R$
Viagens .... R$
Outros........................... R$
_____
Total .... R$

SAÚDE

Seguro-saúde .... R$
Seguro de vida.............. R$
Médicos .... R$
Psicólogo....................... R$
Dentista .... R$
Fisioterapia................... R$
Exames........................... R$
Farmácia........................ R$
Outros........................... R$
_____
Total .... R$

IR E VIR

Estacionamento............ R$
Combustível.................. R$
Oficina .... R$
Passagens...................... R$
Seguro de veículo......... R$
Outros........................... R$
_____
Total .... R$

COMO ADMINISTRAR AS CONTAS DA CASA

DESPESAS FINANCEIRAS (cuidado: cupim do orçamento)

Imposto de renda a pagar .... R$

Juros de empréstimos bancários .... R$

Juros de cheque especial .... R$

Juros rotativos de cartão de crédito .... R$

Anuidades de cartão de crédito .... R$

Multas por atrasos diversos .... R$

Tarifas bancárias .... R$

Outros .... R$

Total .... R$

RECEITAS	menos	**DESPESAS**	igual	**SALDO**
R$	−	R$	=	R$

LISTA DE COMPRAS

1. AVES E OVOS

- Asa de frango
- Chester
- Coração de galinha
- Coxa de frango
- Drumete
- Filé de peito de frango
- Frango inteiro
- Ovos de galinha
- Ovos de codorna
- Peito de frango
- Peito de peru
- Peru inteiro
- Sobrecoxa

2. BEBIDAS

- Água mineral
- Cachaça
- Cerveja
- Coca-Cola
- Guaraná
- Ice tea
- Isotônicos
- Mate
- Sucos de frutas
- Vinho branco
- Vinho espumante
- Vinho tinto
- Vodca

3. BISCOITOS

- Água e sal
- Aperitivos
- Biscoito doce
- Biscoito salgado

- Cream cracker
- Integral
- Maisena
- Maria
- Recheado
- Torradas
- Wafer

4. BALAS E BOMBONS

- Balas
- Bombons
- Chicletes
- Chocolates

5. CARNES

- Alcatra
- Baby-beef
- Carne moída
- Carré de porco
- Chã de dentro
- Contrafilé
- Costela de boi
- Costela de porco
- Fígado
- Filé-mignon
- Lagarto
- Língua
- Lombo de porco
- Maminha
- Músculo
- Patinho
- Peito de boi
- Picanha
- Strogonoff

COMO ADMINISTRAR AS CONTAS DA CASA

6. CONGELADOS

- Aipim para fritar
- Batata para fritar
- Legumes

6.1. EMPANADOS

- Peito de frango
- Sobrecoxa de frango
- Nuggets de batata
- Nuggets de frango
- Nuggets de legumes
- Recheado queijo/presunto
- Recheado filé de frango
- Recheado frango

6.2. MASSAS

- Canelone de frango
- Canelone de presunto
- Canelone de ricota
- Lasanha bolonhesa
- Lasanha de frango
- Lasanha quatro queijos
- Lasanha verde
- Nhoque de batata
- Nhoque bolonhesa
- Ravióli bolonhesa
- Ravióli de queijo
- Ravióli de ricota

6.3. PIZZAS

- Calabresa
- Champignon
- Frango
- Muçarela
- Napolitana
- Quatro queijos

6.4. ROTISSERIE

- Almôndegas de carne
- Almôndegas de frango

- Camarão ao catupiry
- Empadão de camarão
- Empadão de carne
- Empadão de frango
- Empadão de palmito
- Feijoada
- Filé de frango
- Filé de peixe
- Peito de frango
- Strogonoff de carne
- Strogonoff de frango

6.5. SALGADINHOS

- Bolinho de bacalhau
- Coxinha de frango
- Croquete de carne
- Croquete de frango
- Esfirra de carne
- Esfirra de espinafre
- Esfirra de queijo
- Esfirra de palmito
- Folheado de frango
- Folheado de queijo e presunto
- Miniquibe
- Pão de batata
- Pão de queijo c/requeijãc
- Pão de queijo
- Pastel de carne
- Pastel de frango
- Pastel de palmito
- Pastel de queijo
- Quibe

6.6. SORVETES

- Bolos gelados
- Coberturas
- Picolés
- Pote de 1 litro
- Pote de 2 litros
- Tortas geladas

LISTA DE COMPRAS

6.7. SUCOS E POLPAS

- Suco de laranja
- Suco de limão
- Suco de maracujá
- Suco de uva
- Polpas de fruta

7. DOCES

- Abacaxi em calda
- Ameixa em calda
- Bananada
- Cereja em calda
- Doce de amendoim
- Doce de coco
- Doce de leite
- Doce de leite com coco
- Doce de mocotó
- Figo em calda
- Goiabada
- Laranja em calda
- Marmelada
- Marrom-glacê
- Melado
- Paçoquinha
- Pé de moleque
- Pêssego em calda
- Tapioca

8. FRIOS

- Blanquet de peru
- Chester
- Copa
- Lombo canadense
- Mortadela
- Pastrami
- Peito de peru
- Presunto
- Salsicha
- Salame

9. FRUTAS

- Abacate
- Abacaxi
- Ameixa
- Banana
- Caju
- Caqui
- Cereja
- Coco
- Figo
- Fruta do conde
- Goiaba
- Grape fruit
- Jabuticaba
- Kiwi
- Laranja
- Lima
- Limão
- Maçã
- Mamão
- Manga
- Maracujá
- Melancia
- Melão
- Morango
- Pera
- Pêssego
- Tangerina
- Uva

10. FRUTAS SECAS

- Ameixa
- Banana
- Damasco
- Figo
- Passas
- Tâmara

11. LATICÍNIOS

- Bebida láctea
- Cream cheese

COMO ADMINISTRAR AS CONTAS DA CASA

- Iogurte desnatado
- Iogurte integral
- Leite desnatado
- Leite integral
- Leite fermentado
- Manteiga com sal
- Manteiga sem sal
- Margarina
- Margarina light
- Mousse de chocolate
- Muçarela
- Queijo cottage
- Queijo de minas
- Queijo parmesão
- Queijo prato
- Petit suisse
- Pudim de chocolate
- Pudim de leite
- Requeijão
- Toddynho
- Yakult

12. LEGUMES

- Abóbora
- Aipim
- Batata
- Batata-baroa
- Batata-doce
- Berinjela
- Beterraba
- Cebola
- Cenoura
- Chuchu
- Couve-flor
- Ervilha
- Gengibre
- Inhame
- Jiló
- Milho

- Nabo
- Pepino
- Quiabo
- Palmito
- Pimentão
- Rabanete
- Repolho
- Tomate
- Vagem

13. MASSAS

- Cabelo de anjo
- Espaguete
- Fettuccine
- Fideline
- Goela de pato
- Gravatinha
- Lasanha
- Macarrão instantâneo
- Penne
- Parafuso
- Talharim

14. MERCEARIA

- Achocolatados
- Açúcar refinado
- Açúcar mascavo
- Adoçantes
- Arroz branco
- Arroz integral
- Aveia
- Azeite
- Azeitona
- Baunilha
- Café
- Cappuccino
- Chá
- Cereais
- Coco ralado

LISTA DE COMPRAS

- Erva-mate
- Extrato de tomate
- Farinha láctea
- Farinha de mandioca
- Farinha de milho
- Farinha de rosca
- Farinha de trigo
- Feijão-branco
- Feijão-fradinho
- Feijão-mulatinho
- Feijão-preto
- Feijão-rosinha
- Fermento
- Fubá
- Gelatina em folha
- Gelatina em pó
- Ketchup
- Leite condensado
- Leite de coco
- Leite em pó
- Mate
- Maionese
- Maisena
- Mel de abelha
- Mostarda amarela
- Mostarda escura
- Nescafé
- Nescau
- Neston
- Nozes
- Óleo de canola
- Óleo de girassol
- Óleo de milho
- Óleo de soja
- Óleo misto
- Ovomaltine
- Passas
- Polpa de tomate
- Polvilho doce
- Pudim

- Sal refinado
- Sal grosso
- Toddy
- Vinagre

14.1. ALIMENTOS INFANTIS

- Cereal infantil
- Papinha
- Purê infantil
- Sopinha

14.2. CONSERVAS E ENLATADOS

- Alcaparras
- Almôndegas
- Aspargos
- Atum
- Cebolinhas
- Cogumelos
- Creme de leite
- Doce de leite
- Doce brigadeiro
- Ervilha
- Feijoada
- Legumes
- Leite condensado
- Milho-verde
- Palmito
- Patê
- Pepino
- Picles
- Salsicha
- Sardinha
- Tomate seco

14.3. GELEIAS

- de ameixa
- de amora
- de cereja
- de damasco

COMO ADMINISTRAR AS CONTAS DA CASA

- de framboesa
- de goiaba
- de laranja
- de mocotó
- de morango
- de uva

14.4. MATINAIS

- Aveia
- Corn flakes
- Granola
- Farelo de trigo
- Fibrocrac
- Germe de trigo
- Sucrilhos

14.5. MOLHOS

- Bolonhesa
- French
- Inglês
- Italiano
- Mostarda amarela
- Mostarda escura
- Ranch
- Pimenta
- Salada
- Tomate
- Shoyo

14.6. SALGADINHOS

- Amêndoas
- Amendoim doce
- Amendoim salgado
- Amendoim japonês
- Avelã
- Batata frita
- Castanha de caju
- Castanha-do-pará
- Cheetos

- Doritos
- Fandangos
- Milho para pipoca
- Nozes
- Palitinhos salgados
- Pipoca de micro-ondas
- Pistache
- Salgadinho/arroz
- Salgadinho/bacon
- Salgadinho/cebola
- Salgadinho/milho

14.7. SOPAS

- Caldo de carne
- Caldo de vegetais
- Canja de galinha
- Creme de aspargos
- Creme de cebola
- Creme de ervilha
- Creme de legumes
- Creme de tomate
- Sopa Campbell
- Sopa de cebola
- Sopa de cogumelos
- Sopa de ervilhas
- Sopa de legumes
- Sopa de palmito
- Sopa de tomate
- Sopão: carne/macarrão/legumes
- Sopão: galinha/macarrão/ legumes

14.8. TEMPEROS

- Alecrim
- Açafrão
- Amaciante de carnes
- Amaciante de frango
- Bicarbonato de sódio
- Canela em casca
- Canela em pó

LISTA DE COMPRAS

- Cheiro-verde
- Cominho
- Cravo
- Curry
- Erva-doce
- Ervas finas
- Folha de louro
- Funghi
- Gengibre em pó
- Louro em pó
- Manjericão
- Manjerona
- Noz moscada
- Orégano
- Páprica doce
- Páprica picante
- Pimenta-do-reino
- Pimenta em pó
- Salsa em flocos
- Tomilho
- Tempero Ajinomoto
- Tempero Arisco com pimenta
- Tempero Arisco sem pimenta
- Tempero para aves
- Tempero para carnes
- Tempero para churrasco
- Tempero para legumes
- Tempero para peixes
- Tempero para pizzas
- Vinagre balsâmico
- Vinagre branco
- Vinagre de maçã
- Vinagre tinto

14.9. GRÃOS

- Arroz
- Ervilha
- Farelo de trigo
- Feijão
- Germe de trigo

- Grão-de-bico
- Lentilha
- Proteína vegetal
- Soja em grão
- Trigo para quibe

15. PADARIA

- Bisnaguinha
- Bolo de chocolate
- Bolo de laranja
- Brioche
- Croissant
- Pão árabe
- Pão de alho
- Pão de forma
- Pão de queijo
- Pão francês
- Pão integral
- Pão italiano
- Pão light
- Pão preto
- Sacadura
- Torradas

16. PEIXES E FRUTOS DO MAR

- Anchova
- Atum
- Badejo
- Bacalhau
- Camarão
- Cação
- Cavaquinha
- Cherne
- Congro
- Corvina
- Dourado
- Garoupa
- Haddock
- Kani

COMO ADMINISTRAR AS CONTAS DA CASA

- Lagosta
- Linguado
- Lula
- Merluza
- Mexilhão
- Namorado
- Ostras
- Pescada
- Polvo
- Robalo
- Salmão
- Sardinha
- Siri
- Surubim
- Truta
- Vermelho

17. SALGADOS

- Bacalhau
- Bacon
- Carne-seca
- Costela
- Dobradinha
- Jerked beef
- Lombo
- Linguiça
- Orelha
- Pé de porco
- Paio
- Pernil
- Rabinho
- Toucinho

18. VERDURAS

- Acelga
- Agrião
- Aipo
- Alface
- Alface crespa

- Bertalha
- Brócolis
- Cebolinha
- Chicória
- Coentro
- Couve
- Espinafre
- Hortelã
- Louro
- Manjericão
- Rúcula
- Salsa

19. BAZAR

- Canudos
- Filtro de papel
- Flanela
- Fósforos
- Guardanapos
- Lâmpadas
- Luvas
- Palitos
- Pano de chão
- Pano de limpeza
- Pano de pratos
- Papel-alumínio
- Papel toalha
- Pilhas
- Plástico/embalagem
- Ração para cachorro
- Ração para gato
- Ração para pássaros
- Saco para congelados
- Saco de lixo

20. FARMÁCIA

- Acetona
- Água oxigenada
- Álcool

LISTA DE COMPRAS

- Algodão
- Antiácidos
- Anti-inflamatório
- Atadura
- Colírio
- Cotonetes
- Curativo
- Esparadrapo
- Éter
- Gaze
- Multivitamínico
- Pastilha de garganta
- Pomadas
- Sal de frutas
- Vitamina C

20.1. ANALGÉSICOS

- Aspirina
- Dorflex
- Novalgina
- Tylenol

21. HIGIENE/PERFUMARIA

- Absorvente externo
- Absorvente interno
- Algodão
- Barbeador
- Colônia
- Condicionador
- Cotonetes
- Creme de barbear
- Creme para mãos
- Desodorante
- Enxaguante bucal
- Escova de dente
- Fio dental
- Fraldas
- Grampos
- Hidratante

- Lenço de papel
- Lixa de unha
- Loção pós-barba
- Pasta de dente
- Perfume
- Sabonete
- Talco
- Tintura
- Xampu

22. LIMPEZA

- Água sanitária
- Álcool
- Amaciante
- Cera
- Desinfetante
- Detergente
- Espiral de mosquito
- Esponja
- Graxa de sapato
- Inseticida
- Lava-louças
- Limpa-vidros
- Limpador purificador
- Lustra-móveis
- Multiuso
- Palha de aço
- Papel higiênico
- Papel toalha
- Polidor
- Purificador de ambiente
- Removedor
- Repelente
- Sabão em barra
- Sabão de coco
- Sabão em pó
- Saco de lixo
- Saponáceo
- Tira-manchas

COMO ADMINISTRAR AS CONTAS DA CASA

Taxa de juros	Nº de parcelas iguais														
	2	3	4	5	6	7	8	9	10	11	12	13	14	15	16
0,5%	1,99	2,97	3,95	4,93	5,90	6,86	7,82	8,78	9,73	10,68	11,62	12,56	13,49	14,42	15,34
1,0%	1,97	2,94	3,90	4,85	5,80	6,73	7,65	8,57	9,47	10,37	11,26	12,13	13,00	13,87	14,72
1,5%	1,96	2,91	3,85	4,78	5,70	6,60	7,49	8,36	9,22	10,07	10,91	11,73	12,54	13,34	14,13
2,0%	1,94	2,88	3,81	4,71	5,60	6,47	7,33	8,16	8,98	9,72	10,58	11,35	12,11	12,85	13,58
2,5%	1,93	2,86	3,76	4,65	5,51	6,35	7,17	7,97	8,75	9,51	10,26	10,98	11,69	12,38	13,06
3,0%	1,91	2,83	3,72	4,58	5,42	6,23	7,02	7,79	8,53	9,25	9,95	10,63	11,30	11,94	12,56
3,5%	1,90	2,80	3,67	4,52	5,33	6,11	6,87	7,61	8,32	9,0	9,56	10,30	10,92	11,52	12,09
4%	1,89	2,78	3,63	4,45	5,24	6,0	6,73	7,44	8,11	8,76	9,39	9,99	10,56	11,32	11,65
4,5%	1,87	2,75	3,99	4,39	5,16	5,89	6,60	7,27	7,91	8,53	9,12	9,68	10,22	10,74	11,23
5%	1,86	2,72	3,55	4,33	5,08	5,79	6,46	7,11	7,72	8,31	8,86	9,39	9,90	10,38	10,84
5,5%	1,85	2,70	2,51	4,27	5,0	5,68	6,33	6,95	7,54	8,0	8,62	9,12	9,99	10,04	10,46
6%	1,83	2,67	3,47	4,21	4,92	5,58	6,21	6,80	7,36	7,89	8,38	8,85	9,29	9,71	10,11
6,5%	1,82	2,65	3,43	4,16	4,84	5,48	6,09	6,66	7,19	7,69	8,16	8,60	9,01	9,40	9,77
7%	1,81	2,62	3,39	4,10	4,77	5,39	5,97	6,52	7,02	7,50	7,94	8,36	8,75	9,11	9,45
7,5%	1,80	2,60	3,35	4,05	4,69	5,30	5,86	6,38	6,86	7,32	7,74	8,13	8,49	8,83	9,14
8%	1,78	2,58	3,31	3,99	4,62	5,21	5,75	6,25	6,71	7,14	7,54	7,90	8,01	8,30	8,58
8,5%	1,77	2,55	3,28	3,94	4,55	5,12	5,64	6,12	6,56	6,97	7,34	7,69	8,01	8,30	8,58
9%	1,76	2,53	3,24	3,89	4,49	5,03	5,53	6,00	6,42	6,81	7,16	7,49	7,79	8,06	8,31
9,5%	1,75	2,51	3,20	3,84	4,42	4,95	5,43	5,88	6,28	6,65	6,98	7,29	7,57	7,83	8,06
10,0%	1,74	2,49	3,17	3,79	4,36	4,87	5,33	5,76	6,14	6,50	6,81	7,10	7,37	7,61	7,82
10,5%	1,72	2,47	3,14	3,74	4,29	4,79	5,24	5,65	6,01	6,35	6,65	6,92	7,17	7,39	7,60
11,0%	1,71	2,44	3,10	3,70	4,23	4,71	5,15	5,54	5,89	6,21	6,49	6,75	6,98	7,19	7,38
11,5%	1,70	2,42	3,07	3,65	4,17	4,64	5,06	5,43	5,77	6,07	6,34	6,58	6,80	7,00	7,17
12,0%	1,69	2,40	3,04	3,60	4,11	4,56	4,97	5,33	5,65	5,94	6,19	6,42	6,63	6,81	6,97
12,5%	1,68	2,38	3,01	3,56	4,05	4,49	4,88	5,23	5,54	5,81	6,05	6,27	6,46	6,63	6,78
13,0%	1,67	2,36	2,97	3,52	4,00	4,42	4,80	5,13	5,43	5,69	5,92	6,12	6,30	6,46	6,60
13,5%	1,66	2,34	2,94	3,47	3,94	4,35	4,72	5,04	5,32	5,57	5,79	5,98	6,15	6,30	6,43
14,0%	1,65	2,32	2,91	3,43	3,89	4,29	4,64	4,95	5,22	5,45	5,66	5,84	6,00	6,14	6,27
14,5%	1,64	2,30	2,88	3,39	3,84	4,22	4,56	4,86	5,12	5,34	5,54	5,71	5,86	5,99	6,11
15,0%	1,63	2,28	2,85	3,35	3,78	4,16	4,49	4,77	5,02	5,23	5,42	5,58	5,72	5,85	5,95

TABELA DE FATORES DE PARCELAS IGUAIS

Nº de parcelas iguais

60	54	48	42	36	30	24	23	22	21	20	19	18	17	Taxa de juros
51,73	47,22	42,58	37,80	32,87	27,79	22,56	21,68	20,78	19,89	18,99	18,08	17,17	16,26	0,5%
44,96	41,57	37,97	34,16	30,11	25,81	21,24	20,46	19,66	18,86	18,05	17,23	16,40	15,56	1,0%
39,38	36,83	34,04	30,99	27,66	24,02	20,03	19,33	18,62	17,90	17,17	16,43	15,67	14,91	1,5%
34,76	32,84	30,67	28,23	25,49	22,40	18,91	18,29	17,66	17,01	16,35	15,68	14,99	14,29	2,0%
30,91	29,46	27,77	25,82	23,56	20,93	17,88	17,33	16,77	16,18	15,59	14,98	14,35	13,71	2,5%
27,68	26,58	25,27	23,70	21,83	19,60	16,94	16,44	15,94	15,42	14,88	14,32	13,75	13,17	3,0%
24,94	24,11	23,09	21,83	20,29	18,39	16,06	15,62	15,37	14,70	14,21	13,71	13,19	12,65	3,5%
22,62	22,62	21,99	21,20	20,19	18,39	17,29	16,06	15,25	14,50	14,03	13,59	13,13	12,66	4,0%
20,64	20,16	19,54	18,72	17,67	16,29	14,50	14,15	13,78	13,40	13,01	12,59	12,16	11,71	4,5%
18,93	18,57	18,08	17,42	16,55	15,37	13,80	13,49	13,16	12,82	12,46	12,09	11,69	11,27	5,0%
17,45	17,17	16,79	16,26	15,54	14,53	13,15	12,88	12,58	12,28	11,95	11,61	11,25	10,86	5,5%
16,16	15,95	15,65	15,22	14,62	13,76	12,55	12,30	12,04	11,76	11,47	11,16	10,83	10,48	6,0%
15,03	14,87	14,64	14,29	13,79	13,06	11,99	11,77	11,54	11,28	11,02	10,73	10,43	10,11	6,5%
14,04	13,92	13,73	13,45	13,04	12,41	11,47	11,27	11,06	10,84	10,59	10,34	10,06	9,76	7,0%
13,16	13,06	12,92	12,69	12,35	11,81	10,98	10,81	10,62	10,41	10,19	9,96	9,71	9,43	7,5%
12,38	12,30	12,19	12,01	11,72	11,26	10,53	10,37	10,20	10,02	9,82	9,60	9,37	9,12	8,0%
11,68	11,62	11,55	11,38	11,14	10,75	10,10	9,96	9,81	9,64	9,46	9,27	9,06	8,83	8,5%
11,05	11,01	10,93	10,81	10,61	10,27	9,71	9,58	9,44	9,29	9,13	8,95	8,76	8,54	9,0%
10,48	'10,45	10,39	10,29	10,13	9,83	9,33	9,22	9,10	8,96	8,81	8,65	8,47	8,28	9,5%
'9,97	9,94	9,90	9,82	9,68	9,43	8,98	8,88	8,77	8,65	8,51	8,36	8,20	8,02	10,0%
9,50	9,48	9,44	9,38	9,26	9,05	8,66	8,57	8,46	8,35	8,23	8,10	7,95	7,78	10,5%
9,07	9,06	9,03	8,98	8,88	8,69	8,35	8,27	8,18	8,08	7,96	7,84	7,70	7,55	11%
8,68	8,67	8,65	8,61	8,52	8,36	8,06	7,98	7,90	7,81	7,71	7,60	7,47	7,33	11,5%
8,32	8,32	8,30	8,26	8,19	8,06	7,78	7,72	7,64	7,56	7,47	7,37	7,25	7,12	12,0%
7,99	7,99	7,97	7,94	7,88	7,77	7,53	7,47	7,40	7,33	7,24	7,15	7,04	6,92	12,5%
7,69	7,68	7,67	7,65	7,60	7,50	7,28	7,23	7,17	7,10	7,02	6,94	6,84	6,73	13,0%
7,40	7,40	7,39	7,37	7,33	7,24	7,05	7,00	6,95	6,89	6,82	6,74	6,65	6,55	13,5%
7,14	7,14	7,13	7,11	7,08	7,00	6,84	6,79	6,74	6,69	6,62	6,55	6,47	6,37	14,0%
6,89	6,89	6,89	6,87	6,84	6,78	6,63	6,59	6,55	6,50	6,44	6,37	6,29	6,21	14,5%
6,67	6,66	6,66	6,65	6,62	6,57	6,43	6,40	6,36	6,31	6,26	6,20	6,13	6,05	15,0%

GLOSSÁRIO

ADR — "American Depositary Receipt" (Recibo de Ações no Mercado Americano)

ANDIMA — Associação Nacional das Instituições de Mercado Aberto

BBC — Bônus do Banco Central

BACEN ou BC — Banco Central

BID — Banco Interamericano de Desenvolvimento

BIS — Banco de Compensações Internacionais ("BC dos BCs")

BM&F — Bolsa de Mercadorias & Futuros

BNDES — Banco Nacional de Desenvolvimento Econômico e Social

C-Bond — Título da dívida externa brasileira ("tá na moda")

CDB — Certificado de Depósito Bancário

CDC_1 — Crédito Direto ao Consumidor

CDC_2 — Código de Defesa do Consumidor

CDI — Certificado de Depósito Interbancário

CETIP — Central de Títulos Privados

COPOM — Comitê de Política Monetária

CPMF — Contribuição Provisória (?) sobre Movimentações Financeiras

CVM — Comissão de Valores Mobiliários

Debênture — Empréstimo feito por uma empresa junto ao público

FMI — Fundo Monetário Internacional

FAPI — Fundo de Aposentadoria Programada Individual

FIPE — Fundação Instituto de Pesquisas Econômicas (FGV-SP)

FGTS — Fundo de Garantia por Tempo de Serviço

COMO ADMINISTRAR AS CONTAS DA CASA

FIF — Fundo de Investimento Financeiro

Hedge — Proteção contra risco do Mercado, "cerca"

ICC — Índice de Construção Civil

IBGE — Instituto Brasileiro de Geografia e Estatística

ICMS — Imposto sobre Circulação de Mercadorias e Serviços

IGP-DI — Índice Geral de Preços/Disponibilidade Interna (FGV)

IGP-M — Índice Geral de Preços do Mercado (FGV)

INPC — Índice Nacional de Preços ao Consumidor (IBGE)

INSS — Instituto Nacional de Seguridade Social

IOC — Imposto sobre Operações de Crédito

IOF — Imposto sobre Operações Financeiras

IPA — Índice de Preços por Atacado

IPC — Índice de Preços ao Consumidor

IPCA — Índice de Preços ao Consumidor Amplo (IBGE)

IPI — Imposto sobre Produtos Industrializados

IR — Imposto de Renda

ISS — Imposto sobre Serviços

LFT — Letras Financeiras do Tesouro (títulos pós-fixados)

LTN — Letras do Tesouro Nacional (títulos prefixados)

NP — Nota Promissória

PGBL — Programa Livre de Aposentadoria Complementar

SELIC — Sistema Especial de Liquidação e Custódia

Taxa SELIC — Taxa de juros que remunera os títulos pós-fixados do Governo

TJLP — Taxa de Juros de Longo Prazo, fixada pelo BNDES

TR — Taxa Referencial de Juros

UFIR — Unidade Fiscal de Referência

VGBL — Plano Vida Gerador de Benefícios

CÓDIGO DE DEFESA DO CONSUMIDOR

Presidência da República
Subchefia para Assuntos Jurídicos

LEI Nº 8.078, DE 11 DE SETEMBRO DE 1990.

Dispõe sobre a proteção do consumidor e dá outras providências.

Legenda:*

Texto em preto: Redação original (sem modificação)
Texto em azul: Redação dos dispositivos alterados
Texto em verde: Redação dos dispositivos revogados
Texto em vermelho: Redação dos dispositivos incluídos

O PRESIDENTE DA REPÚBLICA, faço saber que o Congresso Nacional decreta e eu sanciono a seguinte lei:

TÍTULO 1

Dos Direitos do Consumidor

CAPÍTULO I

Disposições Gerais

Art. 1º O presente código estabelece normas de proteção e defesa do consumidor, de ordem pública e interesse social, nos termos dos arts. 5º, inciso XXXII, 170, inciso V, da Constituição Federal e art. 48 de suas Disposições Transitórias.

Art. 2º Consumidor é toda pessoa física ou jurídica que adquire ou utiliza produto ou serviço como destinatário final.

Parágrafo único. Equipara-se a consumidor a coletividade de pessoas, ainda que indetermináveis, que haja intervindo nas relações de consumo.

---

* A legenda se refere ao documento original do Código de Defesa do Consumidor. (N. do E.)

COMO ADMINISTRAR AS CONTAS DA CASA

Art. 3º Fornecedor é toda pessoa física ou jurídica, pública ou privada, nacional ou estrangeira, bem como os entes despersonalizados, que desenvolvem atividade de produção, montagem, criação, construção, transformação, importação, exportação, distribuição ou comercialização de produtos ou prestação de serviços.

§ 1º Produto é qualquer bem, móvel ou imóvel, material ou imaterial.

§ 2º Serviço é qualquer atividade fornecida no mercado de consumo, mediante remuneração, inclusive as de natureza bancária, financeira, de crédito e securitária, salvo as decorrentes das relações de caráter trabalhista.

CAPÍTULO II

Da Política Nacional de Relações de Consumo

Art. 4º A Política Nacional das Relações de Consumo tem por objetivo o atendimento das necessidades dos consumidores, o respeito à sua dignidade, saúde e segurança, a proteção de seus interesses econômicos, a melhoria da sua qualidade de vida, bem como a transparência e harmonia das relações de consumo, atendidos os seguintes princípios: (Redação dada pela Lei nº 9.008, de 21.3.1995)

I — reconhecimento da vulnerabilidade do consumidor no mercado de consumo;

II — ação governamental no sentido de proteger efetivamente o consumidor:

a) por iniciativa direta;

b) por incentivos à criação e desenvolvimento de associações representativas;

c) pela presença do Estado no mercado de consumo;

d) pela garantia dos produtos e serviços com padrões adequados de qualidade, segurança, durabilidade e desempenho.

III — harmonização dos interesses dos participantes das relações de consumo e compatibilização da proteção do consumidor com a necessidade de desenvolvimento econômico e tecnológico, de modo a viabilizar os princípios nos quais se funda a ordem econômica (art. 170, da Constituição Federal), sempre com base na boa-fé e equilíbrio nas relações entre consumidores e fornecedores;

IV — educação e informação de fornecedores e consumidores, quanto aos seus direitos e deveres, com vistas à melhoria do mercado de consumo;

V — incentivo à criação pelos fornecedores de meios eficientes de controle de qualidade e segurança de produtos e serviços, assim como de mecanismos alternativos de solução de conflitos de consumo;

VI — coibição e repressão eficientes de todos os abusos praticados no mercado de consumo, inclusive a concorrência desleal e utilização indevida de inventos

CÓDIGO DE DEFESA DO CONSUMIDOR

e criações industriais das marcas e nomes comerciais e signos distintivos, que possam causar prejuízos aos consumidores;

VII — racionalização e melhoria dos serviços públicos;

VIII — estudo constante das modificações do mercado de consumo.

Art. 5º Para a execução da Política Nacional das Relações de Consumo, contará o poder público com os seguintes instrumentos, entre outros:

I — manutenção de assistência jurídica, integral e gratuita para o consumidor carente;

II — instituição de Promotorias de Justiça de Defesa do Consumidor, no âmbito do Ministério Público;

III — criação de delegacias de polícia especializadas no atendimento de consumidores vítimas de infrações penais de consumo;

IV — criação de Juizados Especiais de Pequenas Causas e Varas Especializadas para a solução de litígios de consumo;

V — concessão de estímulos à criação e desenvolvimento das Associações de Defesa do Consumidor.

§ 1º (Vetado).

§ 2º (Vetado).

CAPÍTULO III

Dos Direitos Básicos do Consumidor

Art. 6º São direitos básicos do consumidor:

I — a proteção da vida, saúde e segurança contra os riscos provocados por práticas no fornecimento de produtos e serviços considerados perigosos ou nocivos;

II — a educação e divulgação sobre o consumo adequado dos produtos e serviços, asseguradas a liberdade de escolha e a igualdade nas contratações;

III — a informação adequada e clara sobre os diferentes produtos e serviços, com especificação correta de quantidade, características, composição, qualidade e preço, bem como sobre os riscos que apresentem;

IV — a proteção contra a publicidade enganosa e abusiva, métodos comerciais coercitivos ou desleais, bem como contra práticas e cláusulas abusivas ou impostas no fornecimento de produtos e serviços;

V — a modificação das cláusulas contratuais que estabeleçam prestações desproporcionais ou sua revisão em razão de fatos supervenientes que as tornem excessivamente onerosas;

COMO ADMINISTRAR AS CONTAS DA CASA

VI — a efetiva prevenção e reparação de danos patrimoniais e morais, individuais, coletivos e difusos;

VII — o acesso aos órgãos judiciários e administrativos com vistas à prevenção ou reparação de danos patrimoniais e morais, individuais, coletivos ou difusos, assegurada a proteção Jurídica, administrativa e técnica aos necessitados;

VIII — a facilitação da defesa de seus direitos, inclusive com a inversão do ônus da prova, a seu favor, no processo civil, quando, a critério do juiz, for verossímil a alegação ou quando for ele hipossuficiente, segundo as regras ordinárias de experiências;

IX — (Vetado);

X — a adequada e eficaz prestação dos serviços públicos em geral.

Art. 7º Os direitos previstos neste código não excluem outros decorrentes de tratados ou convenções internacionais de que o Brasil seja signatário, da legislação interna ordinária, de regulamentos expedidos pelas autoridades administrativas competentes, bem como dos que derivem dos princípios gerais do direito, analogia, costumes e equidade.

Parágrafo único. Tendo mais de um autor a ofensa, todos responderão solidariamente pela reparação dos danos previstos nas normas de consumo.

CAPÍTULO IV

Da Qualidade de Produtos e Serviços, da Prevenção e da Reparação dos Danos

SEÇÃO I

Da Proteção à Saúde e Segurança

Art. 8º Os produtos e serviços colocados no mercado de consumo não acarretarão riscos à saúde ou segurança dos consumidores, exceto os considerados normais e previsíveis em decorrência de sua natureza e fruição, obrigando-se os fornecedores, em qualquer hipótese, a dar as informações necessárias e adequadas a seu respeito.

Parágrafo único. Em se tratando de produto industrial, ao fabricante cabe prestar as informações a que se refere este artigo, através de impressos apropriados que devam acompanhar o produto.

Art. 9º O fornecedor de produtos e serviços potencialmente nocivos ou perigosos à saúde ou segurança deverá informar, de maneira ostensiva e adequada, a respeito da sua nocividade ou periculosidade, sem prejuízo da adoção de outras medidas cabíveis em cada caso concreto.

Art. 10. O fornecedor não poderá colocar no mercado de consumo produto ou serviço que sabe ou deveria saber apresentar alto grau de nocividade ou periculosidade à saúde ou segurança.

CÓDIGO DE DEFESA DO CONSUMIDOR

§ 1º O fornecedor de produtos e serviços que, posteriormente à sua introdução no mercado de consumo, tiver conhecimento da periculosidade que apresentem, deverá comunicar o fato imediatamente às autoridades competentes e aos consumidores, mediante anúncios publicitários.

§ 2º Os anúncios publicitários a que se refere o parágrafo anterior serão veiculados na imprensa, rádio e televisão, às expensas do fornecedor do produto ou serviço.

§ 3º Sempre que tiverem conhecimento de periculosidade de produtos ou serviços à saúde ou segurança dos consumidores, a União, os Estados, o Distrito Federal e os Municípios deverão informá-los a respeito.

Art. 11. (Vetado).

SEÇÃO II

Da Responsabilidade pelo Fato do Produto e do Serviço

Art. 12. O fabricante, o produtor, o construtor, nacional ou estrangeiro, e o importador respondem, independentemente da existência de culpa, pela reparação dos danos causados aos consumidores por defeitos decorrentes de projeto, fabricação, construção, montagem, fórmulas, manipulação, apresentação ou acondicionamento de seus produtos, bem como por informações insuficientes ou inadequadas sobre sua utilização e riscos.

§ 1º O produto é defeituoso quando não oferece a segurança que dele legitimamente se espera, levando-se em consideração as circunstâncias relevantes, entre as quais:

I — sua apresentação;

II — o uso e os riscos que razoavelmente dele se esperam;

III — a época em que foi colocado em circulação.

§ 2º O produto não é considerado defeituoso pelo fato de outro de melhor qualidade ter sido colocado no mercado.

§ 3º O fabricante, o construtor, o produtor ou importador só não será responsabilizado quando provar:

I — que não colocou o produto no mercado;

II — que, embora haja colocado o produto no mercado, o defeito inexiste;

III — a culpa exclusiva do consumidor ou de terceiro.

Art. 13. O comerciante é igualmente responsável, nos termos do artigo anterior, quando:

I — o fabricante, o construtor, o produtor ou o importador não puderem ser identificados;

COMO ADMINISTRAR AS CONTAS DA CASA

II — o produto for fornecido sem identificação clara do seu fabricante, produtor, construtor ou importador;

III — não conservar adequadamente os produtos perecíveis.

Parágrafo único. Aquele que efetivar o pagamento ao prejudicado poderá exercer o direito de regresso contra os demais responsáveis, segundo sua participação na causação do evento danoso.

Art. 14. O fornecedor de serviços responde, independentemente da existência de culpa, pela reparação dos danos causados aos consumidores por defeitos relativos à prestação dos serviços, bem como por informações insuficientes ou inadequadas sobre sua fruição e riscos.

§ 1º O serviço é defeituoso quando não fornece a segurança que o consumidor dele pode esperar, levando-se em consideração as circunstâncias relevantes, entre as quais:

I — o modo de seu fornecimento;

II — o resultado e os riscos que razoavelmente dele se esperam;

III — a época em que foi fornecido.

§ 2º O serviço não é considerado defeituoso pela adoção de novas técnicas.

§ 3º O fornecedor de serviços só não será responsabilizado quando provar:

I — que, tendo prestado o serviço, o defeito inexiste;

II — a culpa exclusiva do consumidor ou de terceiro.

§ 4º A responsabilidade pessoal dos profissionais liberais será apurada mediante a verificação de culpa.

Art. 15. (Vetado).

Art. 16. (Vetado).

Art. 17. Para os efeitos desta Seção, equiparam-se aos consumidores todas as vítimas do evento.

SEÇÃO III

Da Responsabilidade por Vício do Produto e do Serviço

Art. 18. Os fornecedores de produtos de consumo duráveis ou não duráveis respondem solidariamente pelos vícios de qualidade ou quantidade que os tornem impróprios ou inadequados ao consumo a que se destinam ou lhes diminuam o valor, assim como por aqueles decorrentes da disparidade, com as indicações constantes do recipiente, da embalagem, rotulagem ou mensagem publicitária,

CÓDIGO DE DEFESA DO CONSUMIDOR

respeitadas as variações decorrentes de sua natureza, podendo o consumidor exigir a substituição das partes viciadas.

§ 1º Não sendo o vício sanado no prazo máximo de trinta dias, pode o consumidor exigir, alternativamente e à sua escolha:

I — a substituição do produto por outro da mesma espécie, em perfeitas condições de uso;

II — a restituição imediata da quantia paga, monetariamente atualizada, sem prejuízo de eventuais perdas e danos;

III — o abatimento proporcional do preço.

§ 2º Poderão as partes convencionar a redução ou ampliação do prazo previsto no parágrafo anterior, não podendo ser inferior a sete nem superior a cento e oitenta dias. Nos contratos de adesão, a cláusula de prazo deverá ser convencionada em separados, por meio de manifestação expressa do consumidor.

§ 3º O consumidor poderá fazer uso imediato das alternativas do § 1º deste artigo sempre que, em razão da extensão do vício, a substituição das partes viciadas puder comprometer a qualidade ou características do produto, diminuir-lhe o valor ou se tratar de produto essencial.

§ 4º Tendo o consumidor optado pela alternativa do inciso I do § 1º deste artigo, e não sendo possível a substituição do bem, poderá haver substituição por outro de espécie, marca ou modelo diversos, mediante complementação ou restituição de eventual diferença de preço, sem prejuízo do disposto nos incisos II e III do § 1º deste artigo.

§ 5º No caso de fornecimento de produtos in natura, será responsável perante o consumidor o fornecedor imediato, exceto quando identificado claramente seu produtor.

§ 6º São impróprios ao uso e consumo:

I — os produtos cujos prazos de validade estejam vencidos;

II — os produtos deteriorados, alterados, adulterados, avariados, falsificados, corrompidos, fraudados, nocivos à vida ou à saúde, perigosos ou, ainda, aqueles em desacordo com as normas regulamentares de fabricação, distribuição ou apresentação;

III — os produtos que, por qualquer motivo, se revelem inadequados ao fim a que se destinam.

Art. 19. Os fornecedores respondem solidariamente pelos vícios de quantidade do produto sempre que, respeitadas as variações decorrentes de sua natureza, seu conteúdo líquido for inferior às indicações constantes do recipiente, da embalagem,

COMO ADMINISTRAR AS CONTAS DA CASA

rotulagem ou de mensagem publicitária, podendo o consumidor exigir, alternativamente e à sua escolha:

I — o abatimento proporcional do preço;

II — complementação do peso ou medida;

III — a substituição do produto por outro da mesma espécie, marca ou modelo, sem os aludidos vícios;

IV — a restituição imediata da quantia paga, monetariamente atualizada, sem prejuízo de eventuais perdas e danos.

§ 1º Aplica-se a este artigo o disposto no § 4º do artigo anterior.

§ 2º O fornecedor imediato será responsável quando fizer a pesagem ou a medição e o instrumento utilizado não estiver aferido segundo os padrões oficiais.

Art. 20. O fornecedor de serviços responde pelos vícios de qualidade que os tornem impróprios ao consumo ou lhes diminuam o valor, assim como por aqueles decorrentes da disparidade com as indicações constantes da oferta ou mensagem publicitária, podendo o consumidor exigir, alternativamente e à sua escolha:

I — a reexecução dos serviços, sem custo adicional e quando cabível;

II — a restituição imediata da quantia paga, monetariamente atualizada, sem prejuízo de eventuais perdas e danos;

III — o abatimento proporcional do preço.

§ 1º A reexecução dos serviços poderá ser confiada a terceiros devidamente capacitados, por conta e risco do fornecedor.

§ 2º São impróprios os serviços que se mostrem inadequados para os fins que razoavelmente deles se esperam, bem como aqueles que não atendam às normas regulamentares de prestabilidade.

Art. 21. No fornecimento de serviços que tenham por objetivo a reparação de qualquer produto considerar-se-á implícita a obrigação do fornecedor de empregar componentes de reposição originais adequados e novos, ou que mantenham as especificações técnicas do fabricante, salvo, quanto a estes últimos, autorização em contrário do consumidor.

Art. 22. Os órgãos públicos, por si ou suas empresas, concessionárias, permissionárias ou sob qualquer outra forma de empreendimento, são obrigados a fornecer serviços adequados, eficientes, seguros e, quanto aos essenciais, contínuos.

Parágrafo único. Nos casos de descumprimento, total ou parcial, das obrigações referidas neste artigo, serão as pessoas jurídicas compelidas a cumpri-las e a reparar os danos causados, na forma prevista neste código.

CÓDIGO DE DEFESA DO CONSUMIDOR

Art. 23. A ignorância do fornecedor sobre os vícios de qualidade por inadequação dos produtos e serviços não o exime de responsabilidade.

Art. 24. A garantia legal de adequação do produto ou serviço independe de termo expresso, vedada a exoneração contratual do fornecedor.

Art. 25. É vedada a estipulação contratual de cláusula que impossibilite, exonere ou atenue a obrigação de indenizar prevista nesta e nas seções anteriores.

§ 1º Havendo mais de um responsável pela cassação do dano, todos responderão solidariamente pela reparação prevista nesta e nas seções anteriores.

§ 2º Sendo o dano causado por componente ou peça incorporada ao produto ou serviço, são responsáveis solidários seu fabricante, construtor ou importador e o que realizou a incorporação.

SEÇÃO IV

Da Decadência e da Prescrição

Art. 26. O direito de reclamar pelos vícios aparentes ou de fácil constatação caduca em:

I — trinta dias, tratando-se de fornecimento de serviço e de produtos não duráveis;

II — noventa dias, tratando-se de fornecimento de serviço e de produtos duráveis.

§ 1º Inicia-se a contagem do prazo decadencial a partir da entrega efetiva do produto ou do término da execução dos serviços.

§ 2º Obstam a decadência:

I — a reclamação comprovadamente formulada pelo consumidor perante o fornecedor de produtos e serviços até a resposta negativa correspondente, que deve ser transmitida de forma inequívoca;

II — (Vetado);

III — a instauração de inquérito civil, até seu encerramento.

§ 3º Tratando-se de vício oculto, o prazo decadencial inicia-se no momento em que ficar evidenciado o defeito.

Art. 27. Prescreve em cinco anos a pretensão à reparação pelos danos causados por fato do produto ou do serviço prevista na Seção II deste Capítulo, iniciando-se a contagem do prazo a partir do conhecimento do dano e de sua autoria.

Parágrafo único. (Vetado).

COMO ADMINISTRAR AS CONTAS DA CASA

SEÇÃO V

Da Desconsideração da Personalidade Jurídica

Art. 28. O juiz poderá desconsiderar a personalidade jurídica da sociedade quando, em detrimento do consumidor, houver abuso de direito, excesso de poder, infração da lei, fato ou ato ilícito ou violação dos estatutos ou contrato social. A desconsideração também será efetivada quando houver falência, estado de insolvência, encerramento ou inatividade da pessoa jurídica provocados por má administração.

§ 1º (Vetado).

§ 2º As sociedades integrantes dos grupos societários e as sociedades controladas são subsidiariamente responsáveis pelas obrigações decorrentes deste código.

§ 3º As sociedades consorciadas são solidariamente responsáveis pelas obrigações decorrentes deste código.

§ 4º As sociedades coligadas só responderão por culpa.

§ 5º Também poderá ser desconsiderada a pessoa jurídica sempre que sua personalidade for, de alguma forma, obstáculo ao ressarcimento de prejuízos causados aos consumidores.

CAPÍTULO V

Das Práticas Comerciais

SEÇÃO I

Das Disposições Gerais

Art. 29. Para os fins deste Capítulo e do seguinte, equiparam-se aos consumidores todas as pessoas determináveis ou não, expostas às práticas nele previstas.

SEÇÃO II

Da Oferta

Art. 30. Toda informação ou publicidade, suficientemente precisa, veiculada por qualquer forma ou meio de comunicação com relação a produtos e serviços oferecidos ou apresentados, obriga o fornecedor que a fizer veicular ou dela se utilizar e integra o contrato que vier a ser celebrado.

Art. 31. A oferta e apresentação de produtos ou serviços devem assegurar informações corretas, claras, precisas, ostensivas e em língua portuguesa sobre suas características, qualidades, quantidade, composição, preço, garantia, prazos de validade e origem, entre outros dados, bem como sobre os riscos que apresentam à saúde e segurança dos consumidores.

Parágrafo único. As informações de que trata este artigo, nos produtos refrigerados oferecidos ao consumidor, serão gravadas de forma indelével.*

Art. 32. Os fabricantes e importadores deverão assegurar a oferta de componentes e peças de reposição enquanto não cessar a fabricação ou importação do produto.

Parágrafo único. Cessadas a produção ou importação, a oferta deverá ser mantida por período razoável de tempo, na forma da lei.

Art. 33. Em caso de oferta ou venda por telefone ou reembolso postal, deve constar o nome do fabricante e endereço na embalagem, publicidade e em todos os impressos utilizados na transação comercial.

Parágrafo único. É proibida a publicidade de bens e serviços por telefone, quando a chamada for onerosa ao consumidor que a origina.**

Art. 34 O fornecedor do produto ou serviço é solidariamente responsável pelos atos de seus prepostos ou representantes autônomos.

Art. 35. Se o fornecedor de produtos ou serviços recusar cumprimento à oferta, apresentação ou publicidade, o consumidor poderá. alternativamente e à sua livre escolha:

I — exigir o cumprimento forçado da obrigação, nos termos da oferta, apresentação ou publicidade;

II — aceitar outro produto ou prestação de serviço equivalente;

III — rescindir o contrato, com direito à restituição de quantia eventualmente antecipada, monetariamente atualizada, e a perdas e danos.

SEÇÃO III
Da Publicidade

Art. 36. A publicidade deve ser veiculada de tal forma que o consumidor, fácil e imediatamente, a identifique como tal.

Parágrafo único. O fornecedor, na publicidade de seus produtos ou serviços, manterá, em seu poder, para informação dos legítimos interessados, os dados fáticos, técnicos e científicos que dão sustentação à mensagem.

Art. 37. É proibida toda publicidade enganosa ou abusiva.

§ 1º É enganosa qualquer modalidade de informação ou comunicação de caráter publicitário, inteira ou parcialmente falsa, ou, por qualquer outro modo,

---
* Parágrafo único acrescentado pela Lei nº 11.800, de 29.10.2008.
** Parágrafo único acrescentado pela Lei nº 11.800, de 29.10.2008.

COMO ADMINISTRAR AS CONTAS DA CASA

mesmo por omissão, capaz de induzir em erro o consumidor a respeito da natureza, características, qualidade, quantidade, propriedades, origem, preço e quaisquer outros dados sobre produtos e serviços.

§ 2º É abusiva, dentre outras, a publicidade discriminatória de qualquer natureza, a que incite à violência, explore o medo ou a superstição, se aproveite da deficiência de julgamento e experiência da criança, desrespeita valores ambientais, ou que seja capaz de induzir o consumidor a se comportar de forma prejudicial ou perigosa à sua saúde ou segurança.

§ 3º Para os efeitos deste código, a publicidade é enganosa por omissão quando deixar de informar sobre dado essencial do produto ou serviço.

§ 4º (Vetado).

Art. 38. O ônus da prova da veracidade e correção da informação ou comunicação publicitária cabe a quem as patrocina.

SEÇÃO IV

Das Práticas Abusivas

Art. 39. É vedado ao fornecedor de produtos ou serviços, dentre outras práticas abusivas: (Redação dada pela Lei nº 8.884, de 11.6.1994)

I — condicionar o fornecimento de produto ou de serviço ao fornecimento de outro produto ou serviço, bem como, sem justa causa, a limites quantitativos;

II — recusar atendimento às demandas dos consumidores, na exata medida de suas disponibilidades de estoque, e, ainda, de conformidade com os usos e costumes;

III — enviar ou entregar ao consumidor, sem solicitação prévia, qualquer produto, ou fornecer qualquer serviço;

IV — prevalecer-se da fraqueza ou ignorância do consumidor, tendo em vista sua idade, saúde, conhecimento ou condição social, para impingir-lhe seus produtos ou serviços;

V — exigir do consumidor vantagem manifestamente excessiva;

VI — executar serviços sem a prévia elaboração de orçamento e autorização expressa do consumidor, ressalvadas as decorrentes de práticas anteriores entre as partes;

VII — repassar informação depreciativa, referente a ato praticado pelo consumidor no exercício de seus direitos;

VIII — colocar, no mercado de consumo, qualquer produto ou serviço em desacordo com as normas expedidas pelos órgãos oficiais competentes ou, se normas

CÓDIGO DE DEFESA DO CONSUMIDOR

específicas não existirem, pela Associação Brasileira de Normas Técnicas ou outra entidade credenciada pelo Conselho Nacional de Metrologia, Normalização e Qualidade Industrial (Conmetro);

IX — recusar a venda de bens ou a prestação de serviços, diretamente a quem se disponha a adquiri-los mediante pronto pagamento, ressalvados os casos de intermediação regulados em leis especiais; (Redação dada pela Lei nº 8.884, de 11.6.1994)

X — elevar sem justa causa o preço de produtos ou serviços. (Inciso acrescentado pela Lei nº 8.884, de 11.6.1994)

XI — Dispositivo incorporado pela MPV nº 1.890-67, de 22.10.1999, transformado em inciso XIII, quando da conversão na Lei nº 9.870, de 23.11.1999;

XII — deixar de estipular prazo para o cumprimento de sua obrigação ou deixar a fixação de seu termo inicial a seu exclusivo critério. (Inciso acrescentado pela Lei nº 9.008, de 2 1.3.1995)

XIII — aplicar fórmula ou índice de reajuste diverso do legal ou contratualmente estabelecido. (Inciso acrescentado pela Lei nº 9.870, de 23.11.1999)

Parágrafo único. Os serviços prestados e os produtos remetidos ou entregues ao consumidor, na hipótese prevista no inciso III, equiparam-se às amostras grátis, inexistindo obrigação de pagamento.

Art. 40. O fornecedor de serviço será obrigado a entregar ao consumidor orçamento prévio discriminando o valor da mão de obra, dos materiais e equipamentos a serem empregados, as condições de pagamento, bem como as datas de início e término dos serviços.

§ 1º Salvo estipulação em contrário, o valor orçado terá validade pelo prazo de dez dias, contado de seu recebimento pelo consumidor.

§ 2º Uma vez aprovado pelo consumidor, o orçamento obriga os contraentes e somente pode ser alterado mediante livre negociação das partes.

§ 3º O consumidor não responde por quaisquer ônus ou acréscimos decorrentes da contratação de serviços de terceiros não previstos no orçamento prévio.

Art. 41. No caso de fornecimento de produtos ou de serviços sujeitos ao regime de controle ou de tabelamento de preços, os fornecedores deverão respeitar os limites oficiais sob pena de, não o fazendo, responderem pela restituição da quantia recebida em excesso, monetariamente atualizada, podendo o consumidor exigir à sua escolha o desfazimento do negócio, sem prejuízo de outras sanções cabíveis.

COMO ADMINISTRAR AS CONTAS DA CASA

SEÇÃO V

Da Cobrança de Dívidas

Art. 42. Na cobrança de débitos, o consumidor inadimplente não será exposto a ridículo, nem será submetido a qualquer tipo de constrangimento ou ameaça.

Parágrafo único. O consumidor cobrado em quantia indevida tem direito à repetição do indébito, por valor igual ao dobro do que pagou em excesso, acrescido de correção monetária e juros legais, salvo hipótese de engano justificável.

Art. 42-A. Em todos os documentos de cobrança de débitos apresentados ao consumidor, deverão constar o nome, o endereço e o número de inscrição no Cadastro de Pessoas Físicas — CPF ou no Cadastro Nacional de Pessoa Jurídica — CNPJ do fornecedor do produto ou serviço correspondente.*

SEÇÃO VI

Dos Bancos de Dados e Cadastros de Consumidores

Art. 43. O consumidor, sem prejuízo do disposto no art. 86, terá acesso às informações existentes em cadastros, fichas, registros e dados pessoais e de consumo arquivados sobre ele, bem como sobre as suas respectivas fontes.

§ 1º Os cadastros e dados de consumidores devem ser objetivos, claros, verdadeiros e em linguagem de fácil compreensão, não podendo conter informações negativas referentes a período superior a cinco anos.

§ 2º A abertura de cadastro, ficha, registro e dados pessoais e de consumo deverá ser comunicada por escrito ao consumidor, quando não solicitada por ele.

§ 3º O consumidor, sempre que encontrar inexatidão nos seus dados e cadastros, poderá exigir sua imediata correção, devendo o arquivista, no prazo de cinco dias úteis, comunicar a alteração aos eventuais destinatários das informações incorretas.

§ 4º Os bancos de dados e cadastros relativos a consumidores, os serviços de proteção ao crédito e congêneres são considerados entidades de caráter público.

§ 5º Consumada a prescrição relativa à cobrança de débitos do consumidor, não serão fornecidas, pelos respectivos Sistemas de Proteção ao Crédito, quaisquer informações que possam impedir ou dificultar novo acesso ao crédito junto aos fornecedores.

Art. 44. Os órgãos públicos de defesa do consumidor manterão cadastros atualizados de reclamações fundamentadas contra fornecedores de produtos e serviços,

---

* Artigo acrescentado pela Lei nº 12.039, de 01.10.2009.

CÓDIGO DE DEFESA DO CONSUMIDOR

devendo divulgá-lo pública e anualmente. A divulgação indicará se a reclamação foi atendida ou não pelo fornecedor.

§ 1º É facultado o acesso às informações lá constantes para orientação e consulta por qualquer interessado.

§ 2º Aplicam-se a este artigo, no que couber, as mesmas regras enunciadas no artigo anterior e as do parágrafo único do art. 22 deste código.

Art. 45. (Vetado).

CAPÍTULO VI

Da Proteção Contratual

SEÇÃO I

Disposições Gerais

Art. 46. Os contratos que regulam as relações de consumo não obrigarão os consumidores, se não lhes for dada a oportunidade de tomar conhecimento prévio de seu conteúdo, ou se os respectivos instrumentos forem redigidos de modo a dificultar a compreensão de seu sentido e alcance.

Art. 47. As cláusulas contratuais serão interpretadas de maneira mais favorável ao consumidor.

Art. 48. As declarações de vontade constantes de escritos particulares, recibos e pré-contratos relativos às relações de consumo vinculam o fornecedor, ensejando inclusive execução específica, nos termos do art. 84 e parágrafos.

Art. 49. O consumidor pode desistir do contrato, no prazo de 7 dias a contar de sua assinatura ou do ato de recebimento do produto ou serviço, sempre que a contratação de fornecimento de produtos e serviços ocorrer fora do estabelecimento comercial, especialmente por telefone ou a domicílio.

Parágrafo único. Se o consumidor exercitar o direito de arrependimento previsto neste artigo, os valores eventualmente pagos, a qualquer título, durante o prazo de reflexão, serão devolvidos, de imediato, monetariamente atualizados.

Art. 50. A garantia contratual é complementar à legal e será conferida mediante termo escrito.

Parágrafo único. O termo de garantia ou equivalente deve ser padronizado e esclarecer, de maneira adequada, em que consiste a mesma garantia, bem como a forma, o prazo e o lugar em que pode ser exercitada e os ônus a cargo do consumidor, devendo ser-lhe entregue, devidamente preenchido pelo fornecedor, no ato do fornecimento, acompanhado de manual de instrução, de instalação e uso do produto em linguagem didática, com ilustrações.

COMO ADMINISTRAR AS CONTAS DA CASA

SEÇÃO II

Das Cláusulas Abusivas

Art. 51. São nulas de pleno direito, entre outras, as cláusulas contratuais relativas ao fornecimento de produtos e serviços que:

I — impossibilitem, exonerem ou atenuem a responsabilidade do fornecedor por vícios de qualquer natureza dos produtos e serviços ou impliquem renúncia ou disposição de direitos. Nas relações de consumo entre o fornecedor e o consumidor pessoa jurídica, a indenização poderá ser limitada, em situações justificáveis;

II — subtraiam ao consumidor a opção de reembolso da quantia já paga, nos casos previstos neste código;

III — transfiram responsabilidades a terceiros;

IV — estabeleçam obrigações consideradas iníquas, abusivas, que coloquem o consumidor em desvantagem exagerada, ou sejam incompatíveis com a boa-fé ou a equidade;

V — (Vetado);

VI — estabeleçam inversão do ônus da prova em prejuízo do consumidor;

VII — determinem a utilização compulsória de arbitragem;

VIII — imponham representante para concluir ou realizar outro negócio jurídico pelo consumidor;

IX — deixem ao fornecedor a opção de concluir ou não o contrato, embora obrigando o consumidor;

X — permitam ao fornecedor, direta ou indiretamente, variação do preço de maneira unilateral;

XI — autorizem o fornecedor a cancelar o contrato unilateralmente, sem que igual direito seja conferido ao consumidor;

XII — obriguem o consumidor a ressarcir os custos de cobrança de sua obrigação, sem que igual direito lhe seja conferido contra o fornecedor;

XIII — autorizem o fornecedor a modificar unilateralmente o conteúdo ou a qualidade do contrato, após sua celebração;

XIV — infrinjam ou possibilitem a violação de normas ambientais;

XV — estejam em desacordo com o sistema de proteção ao consumidor;

XVI — possibilitem a renúncia do direito de indenização por benfeitorias necessárias.

§ 1º Presume-se exagerada, entre outros casos, a vontade que:

CÓDIGO DE DEFESA DO CONSUMIDOR

I — ofende os princípios fundamentais do sistema jurídico a que pertence;

II — restringe direitos ou obrigações fundamentais inerentes à natureza do contrato, de tal modo a ameaçar seu objeto ou equilíbrio contratual;

III — se mostra excessivamente onerosa para o consumidor, considerando-se a natureza e conteúdo do contrato, o interesse das partes e outras circunstâncias peculiares ao caso.

§ 2º A nulidade de uma cláusula contratual abusiva não invalida o contrato, exceto quando de sua ausência, apesar dos esforços de integração, decorrer ônus excessivo a qualquer das partes.

§ 3º (Vetado).

§ 4º É facultado a qualquer consumidor ou entidade que o represente requerer ao Ministério Público que ajuíze a competente ação para ser declarada a nulidade de cláusula contratual que contrarie o disposto neste código ou de qualquer forma não assegure o justo equilíbrio entre direitos e obrigações das partes.

Art. 52. No fornecimento de produtos ou serviços que envolva outorga de crédito ou concessão de financiamento ao consumidor, o fornecedor deverá, entre outros requisitos, informá-lo prévia e adequadamente sobre:

I — preço do produto ou serviço em moeda corrente nacional;

II — montante dos juros de mora e da taxa efetiva anual de juros;

III — acréscimos legalmente previstos;

IV — número e periodicidade das prestações;

V — soma total a pagar, com e sem financiamento.

§ 1º As multas de mora decorrentes do inadimplemento de obrigações no seu termo não poderão ser superiores a dois por cento do valor da prestação. (Redação dada pela Lei nº 9.298, de 1.8.1996)

§ 2º É assegurada ao consumidor a liquidação antecipada do débito, total ou parcialmente, mediante redução proporcional dos juros e demais acréscimos.

§ 3º (Vetado).

Art. 53. Nos contratos de compra e venda de móveis ou imóveis mediante pagamento em prestações, bem como nas alienações fiduciárias em garantia, consideram-se nulas de pleno direito as cláusulas que estabeleçam a perda total das prestações pagas em benefício do credor que, em razão do inadimplemento, pleitear a resolução do contrato e a retomada do produto alienado.

§ 1º (Vetado).

§ 2º Nos contratos do sistema de consórcio de produtos duráveis, a compensação ou a restituição das parcelas quitadas, na forma deste artigo, terá descontado, além da vantagem econômica auferida com a fruição, os prejuízos que o desistente ou inadimplente causar ao grupo.

§ 3º Os contratos de que trata o caput deste artigo serão expressos em moeda corrente nacional.

SEÇÃO III

Dos Contratos de Adesão

Art. 54. Contrato de adesão é aquele cujas cláusulas tenham sido aprovadas pela autoridade competente ou estabelecidas unilateralmente pelo fornecedor de produtos ou serviços, sem que o consumidor possa discutir ou modificar substancialmente seu conteúdo.

§ 1º A inserção de cláusula no formulário não desfigura a natureza de adesão do contrato.

§ 2º Nos contratos de adesão admite-se cláusula resolutória, desde que a alternativa, cabendo a escolha ao consumidor, ressalvando-se o disposto no § 2º do artigo anterior.

§ 3º Os contratos de adesão escritos serão redigidos em termos claros e com caracteres ostensivos e legíveis, de modo a facilitar sua compreensão pelo consumidor.*

§ 4º As cláusulas que implicarem limitação de direito do consumidor deverão ser redigidas com destaque, permitindo sua imediata e fácil compreensão.

§ 5º (Vetado).

CAPÍTULO VII

Das Sanções Administrativas

Art. 55. A União, os Estados e o Distrito Federal, em caráter concorrente e nas suas respectivas áreas de atuação administrativa, baixarão normas relativas à produção, industrialização, distribuição e consumo de produtos e serviços.

§ 1º A União, os Estados, o Distrito Federal e os Municípios fiscalizarão e controlarão a produção, industrialização, distribuição, a publicidade de produtos e serviços e o mercado de consumo, no interesse da preservação da vida, da saúde, da segurança, da informação e do bem-estar do consumidor, baixando as normas que se fizerem necessárias.

---

* § 3º com redação determinada pela Lei nº 11.785, de 22.9.2008.

CÓDIGO DE DEFESA DO CONSUMIDOR

§ 2º (Vetado).

§ 3º Os órgãos federais, estaduais, do Distrito Federal e municipais com atribuições para fiscalizar e controlar o mercado de consumo manterão comissões permanentes para elaboração, revisão e atualização das normas referidas no § 1º, sendo obrigatória a participação dos consumidores e fornecedores.

§ 4º Os órgãos oficiais poderão expedir notificações aos fornecedores para que, sob pena de desobediência, prestem informações sobre questões de interesse do consumidor, resguardado o segredo industrial.

Art. 56. As infrações das normas de defesa do consumidor ficam sujeitas, conforme o caso, às seguintes sanções administrativas, sem prejuízo das de natureza civil, penal e das definidas em normas específicas:

I — multa;

II — apreensão do produto;

III — inutilização do produto;

IV — cassação do registro do produto junto ao órgão competente;

V — proibição de fabricação do produto;

VI — suspensão de fornecimento de produtos ou serviço;

VII — suspensão temporária de atividade;

VIII — revogação de concessão ou permissão de uso;

IX — cassação de licença do estabelecimento ou de atividade;

X — interdição, total ou parcial, de estabelecimento, de obra ou de atividade;

XI — intervenção administrativa;

XII — imposição de contrapropaganda.

Parágrafo único. As sanções previstas neste artigo serão aplicadas pela autoridade administrativa, no âmbito de sua atribuição, podendo ser aplicadas cumulativamente, inclusive por medida cautelar, antecedente ou incidente de procedimento administrativo.

Art. 57. A pena de multa, graduada de acordo com a gravidade da infração, a vantagem auferida e a condição econômica do fornecedor, será aplicada mediante procedimento administrativo, revertendo para o Fundo de que trata a Lei nº 7.347, de 24 de julho de 1985, os valores cabíveis à União, ou para os Fundos estaduais ou municipais de proteção ao consumidor nos demais casos. (Redação dada pela Lei nº 8.656, de 21.5.1993)

COMO ADMINISTRAR AS CONTAS DA CASA

Parágrafo único. A multa será em montante não inferior a duzentas e não superior a três milhões de vezes o valor da Unidade Fiscal de Referência (Ufir), ou índice equivalente que venha a substituí-lo. (Parágrafo acrescentado pela Lei nº 8.703, de 6.9.1993)

Art. 58. As penas de apreensão, de inutilização de produtos, de proibição de fabricação de produtos, de suspensão do fornecimento de produto ou serviço, de cassação do registro do produto e revogação da concessão ou permissão de uso serão aplicadas pela administração, mediante procedimento administrativo, assegurada ampla defesa, quando forem constatados vícios de quantidade ou de qualidade por inadequação ou insegurança do produto ou serviço.

Art. 59. As penas de cassação de alvará de licença, de interdição e de suspensão temporária da atividade, bem como a de intervenção administrativa, serão aplicadas mediante procedimento administrativo, assegurada ampla defesa, quando o fornecedor reincidir na prática das infrações de maior gravidade previstas neste código e na legislação de consumo.

§ 1º A pena de cassação da concessão será aplicada à concessionária de serviço público, quando violar obrigação legal ou contratual.

§ 2º A pena de intervenção administrativa será aplicada sempre que as circunstâncias de fato desaconselharem a cassação de licença, a interdição ou suspensão da atividade.

§ 3º Pendendo ação judicial na qual se discuta a imposição de penalidade administrativa, não haverá reincidência até o trânsito em julgado da sentença.

Art. 60. A imposição de contrapropaganda será cominada quando o fornecedor incorrer na prática de publicidade enganosa ou abusiva, nos termos do art. 36 e seus parágrafos, sempre às expensas do infrator.

§ 1º A contrapropaganda será divulgada pelo responsável da mesma forma, frequência e dimensão e, preferencialmente, no mesmo veículo, local, espaço e horário, de forma capaz de desfazer o malefício da publicidade enganosa ou abusiva.

§ 2º (Vetado).

§ 3º (Vetado).

TÍTULO II

Das Infrações Penais

Art. 61. Constituem crimes contra as relações de consumo previstas neste código, sem prejuízo do disposto no Código Penal e leis especiais, as condutas tipificadas nos artigos seguintes.

CÓDIGO DE DEFESA DO CONSUMIDOR

Art. 62. (Vetado).

Art. 63. Omitir dizeres ou sinais ostensivos sobre a nocividade ou periculosidade de produtos, nas embalagens, nos invólucros, recipientes ou publicidade:

Pena — Detenção de seis meses a dois anos e multa.

§ 1º Incorrerá nas mesmas penas quem deixar de alertar, mediante recomendações escritas ostensivas, sobre a periculosidade do serviço a ser prestado.

§ 2º Se o crime é culposo:

Pena — Detenção de um a seis meses ou multa.

Art. 64. Deixar de comunicar à autoridade competente e aos consumidores a nocividade ou periculosidade de produtos cujo conhecimento seja posterior à sua colocação no mercado:

Pena — Detenção de seis meses a dois anos e multa.

Parágrafo único. Incorrerá nas mesmas penas quem deixar de retirar do mercado, imediatamente quando determinado pela autoridade competente, os produtos nocivos ou perigosos, na forma deste artigo.

Art. 65. Executar serviço de alto grau de periculosidade, contrariando determinação de autoridade competente:

Pena — Detenção de seis meses a dois anos e multa.

Parágrafo único. As penas deste artigo são aplicáveis sem prejuízo das correspondentes à lesão corporal e à morte.

Art. 66. Fazer afirmação falsa ou enganosa, ou omitir informação relevante sobre a natureza, característica, qualidade, quantidade, segurança, desempenho, durabilidade, preço ou garantia de produtos ou serviços:

Pena — Detenção de três meses a um ano e multa.

§ 1º Incorrerá nas mesmas penas quem patrocinar a oferta.

§ 2º Se o crime é culposo:

Pena — Detenção de um a seis meses ou multa.

Art. 67. Fazer ou promover publicidade que sabe ou deveria saber ser enganosa ou abusiva:

Pena — Detenção de três meses a um ano e multa.

Parágrafo único. (Vetado).

Art. 68. Fazer ou promover publicidade que sabe ou deveria saber ser capaz de induzir o consumidor a se comportar de forma prejudicial ou perigosa a sua saúde ou segurança:

COMO ADMINISTRAR AS CONTAS DA CASA

Pena — Detenção de seis meses a dois anos e multa.

Parágrafo único. (Vetado).

Art. 69. Deixar de organizar dados fáticos, técnicos e científicos que dão base à publicidade:

Pena — Detenção de um a seis meses ou multa.

Art. 70. Empregar, na reparação de produtos, peça ou componentes de reposição usados, sem autorização do consumidor.

Pena — Detenção de três meses a um ano e multa.

Art. 71. Utilizar-se, na cobrança de dividas, de ameaça, coação, constrangimento físico ou moral, de afirmações falsas incorretas ou enganosas ou de qualquer outro procedimento que exponha o consumidor, injustificadamente, a ridículo ou interfira com seu trabalho, descanso ou lazer:

Pena — Detenção de três meses a um ano e multa.

Art. 72. Impedir ou dificultar o acesso do consumidor às informações que sobre ele constem em cadastros, banco de dados, fichas e registros:

Pena — Detenção de seis meses a um ano ou multa.

Art. 73. Deixar de corrigir imediatamente informação sobre consumidor constante de cadastro, banco de dados, fichas ou registros que sabe ou deveria saber ser inexata:

Pena — Detenção de um a seis meses ou multa.

Art. 74. Deixar de entregar ao consumidor o termo de garantia adequadamente preenchido e com especificação clara de seu conteúdo:

Pena — Detenção de um a seis meses ou multa.

Art. 75. Quem, de qualquer forma, concorrer para os crimes referidos neste código, incide as penas a esses cominadas na medida de sua culpabilidade, bem como o diretor, administrador ou gerente da pessoa jurídica que promover, permitir ou por qualquer modo aprovar o fornecimento, oferta, exposição à venda ou manutenção em depósito de produtos ou a oferta e prestação de serviços nas condições por ele proibidas.

Art. 76. São circunstâncias agravantes dos crimes tipificados neste código:

I — serem cometidos em época de grave crise econômica ou por ocasião de calamidade;

II — ocasionarem grave dano individual ou coletivo;

CÓDIGO DE DEFESA DO CONSUMIDOR

III — dissimular-se a natureza ilícita do procedimento;

IV — quando cometidos:

a) por servidor público, ou por pessoa cuja condição econômico-social seja manifestamente superior à da vítima;

b) em detrimento de operário ou rurícola; de menor de dezoito ou maior de sessenta anos ou de pessoas portadoras de deficiência mental interditadas ou não;

V — serem praticados em operações que envolvam alimentos, medicamentos ou quaisquer outros produtos ou serviços essenciais.

Art. 77. A pena pecuniária prevista nesta Seção será fixada em dias-multa, correspondente ao mínimo e ao máximo de dias de duração da pena privativa da liberdade cominada ao crime. Na individualização desta multa, o juiz observará o disposto no art. 60, §1º, do Código Penal.

Art. 78. Além das penas privativas de liberdade e de multa, podem ser impostas, cumulativa ou alternadamente, observado o disposto nos arts. 44 a 47, do Código Penal:

I — a interdição temporária de direitos;

II — a publicação em órgãos de comunicação de grande circulação ou audiência, às expensas do condenado, de notícia sobre os fatos e a condenação;

III — a prestação de serviços à comunidade.

Art. 79. O valor da fiança, nas infrações de que trata este código, será fixado pelo juiz, ou pela autoridade que presidir o inquérito, entre cem e duzentas mil vezes o valor do Bônus do Tesouro Nacional (BTN), ou índice equivalente que venha a substituí-lo.

Parágrafo único. Se assim recomendar a situação econômica do indiciado ou réu, afiança poderá ser:

a) reduzida até a metade do seu valor mínimo;

b) aumentada pelo juiz até vinte vezes.

Art. 80. No processo penal atinente aos crimes previstos neste código, bem como a outros crimes e contravenções que envolvam relações de consumo, poderão intervir, como assistentes do Ministério Público, os legitimados indicados no art. 82, incisos III e IV, aos quais também é facultado propor ação penal subsidiária, se a denúncia não for oferecida no prazo legal.

COMO ADMINISTRAR AS CONTAS DA CASA

TÍTULO III

Da Defesa do Consumidor em Juízo

CAPÍTULO I

Disposições Gerais

Art. 81. A defesa dos interesses e direitos dos consumidores e das vítimas poderá ser exercida em juízo individualmente, ou a título coletivo.

Parágrafo único. A defesa coletiva será exercida quando se tratar de:

I — interesses ou direitos difusos, assim entendidos, para efeitos deste código, os transindividuais, de natureza indivisível, de que sejam titulares pessoas indeterminadas e ligadas por circunstâncias de fato;

II — interesses ou direitos coletivos, assim entendidos, para efeitos deste código, os transindividuais, de natureza indivisível de que seja titular grupo, categoria ou classe de pessoas ligadas entre si ou com a parte contrária por uma relação jurídica base;

III — interesses ou direitos individuais homogêneos, assim entendidos os decorrentes de origem comum.

Art. 82. Para os fins do art. 81, parágrafo único, são legitimados concorrentemente: (Redação dada pela Lei nº 9.008, de 21.3.1995)

I — o Ministério Público;

II — a União, os Estados, os Municípios e o Distrito Federal;

III — as entidades e órgãos da Administração Pública, direta ou indireta, ainda que sem personalidade jurídica, especificamente destinados à defesa dos interesses e direitos protegidos por este código;

IV — as associações legalmente constituídas há pelo menos um ano e que incluam entre seus fins institucionais a defesa dos interesses e direitos protegidos por este código, dispensada a autorização assemblear.

§ 1º O requisito da pré-constituição pode ser dispensado pelo juiz, nas ações previstas nos arts. 91 e seguintes, quando haja manifesto interesse social evidenciado pela dimensão ou característica do dano, ou pela relevância do bem jurídico a ser protegido.

§ 2º (Vetado).

§ 3º (Vetado)

Art. 83. Para a defesa dos direitos e interesses protegidos por este código são admissíveis todas as espécies de ações capazes de propiciar sua adequada e efetiva tutela.

CÓDIGO DE DEFESA DO CONSUMIDOR

Parágrafo único. (Vetado).

Art. 84. Na ação que tenha por objeto o cumprimento da obrigação de fazer ou não fazer, o juiz concederá a tutela específica da obrigação ou determinará providências que assegurem o resultado prático equivalente ao do adimplemento.

§ 1º A conversão da obrigação em perdas e danos somente será admissível se por elas optar o autor ou se impossível a tutela específica ou a obtenção do resultado prático correspondente.

§ 2º A indenização por perdas e danos se fará sem prejuízo da multa (art. 287, do Código de Processo Civil).

§ 3º Sendo relevante o fundamento da demanda e havendo justificado receio de ineficácia do provimento final, é lícito ao juiz conceder a tutela liminarmente ou após justificação prévia, citado o réu.

§ 4º O juiz poderá, na hipótese do § 3º ou na sentença, impor multa diária ao réu, independentemente de pedido do autor, se for suficiente ou compatível com a obrigação, fixando prazo razoável para o cumprimento do preceito.

§ 5º Para a tutela específica ou para a obtenção do resultado prático equivalente, poderá o juiz determinar as medidas necessárias, tais como busca e apreensão, remoção de coisas e pessoas, desfazimento de obra, impedimento de atividade nociva, além de requisição de força policial.

Art. 85. (Vetado).

Art. 86. (Vetado).

Art. 87. Nas ações coletivas de que trata este código não haverá adiantamento de custas, emolumentos, honorários periciais e quaisquer outras despesas, nem condenação da associação autora, salvo comprovada má-fé, em honorários de advogados, custas e despesas processuais.

Parágrafo único. Em caso de litigância de má-fé, a associação autora e os diretores responsáveis pela propositura da ação serão solidariamente condenados em honorários advocatícios e ao décuplo das custas, sem prejuízo da responsabilidade por perdas e danos.

Art. 88. Na hipótese do art. 13, parágrafo único deste código, a ação de regresso poderá ser ajuizada em processo autônomo, facultada a possibilidade de prosseguir-se nos mesmos autos, vedada a denunciação da lide.

Art. 89. (Vetado).

Art. 90. Aplicam-se às ações previstas neste título as normas do Código de Processo Civil e da Lei nº 7.347, de 24 de julho de 1985, inclusive no que respeita ao inquérito civil, naquilo que não contrariar suas disposições.

161

COMO ADMINISTRAR AS CONTAS DA CASA

CAPÍTULO II

Das Ações Coletivas para a Defesa de Interesses Individuais Homogêneos

Art. 91. Os legitimados de que trata o art. 82 poderão propor, em nome próprio e no interesse das vítimas ou seus sucessores, ação civil coletiva de responsabilidade pelos danos individualmente sofridos, de acordo com o disposto nos artigos seguintes. (Redação dada pela Lei nº 9.008, de 21.3.1995)

Art. 92. O Ministério Público, se não ajuizar a ação, atuará sempre como fiscal da lei.

Parágrafo único. (Vetado).

Art. 93. Ressalvada a competência da Justiça Federal, é competente para a causa a justiça local:

I — no foro do lugar onde ocorreu ou deva ocorrer o dano, quando de âmbito local;

II — no foro da Capital do Estado ou no do Distrito Federal, para os danos de âmbito nacional ou regional, aplicando-se as regras do Código de Processo Civil aos casos de competência concorrente.

Art. 94. Proposta a ação, será publicado edital no órgão oficial, a fim de que os interessados possam intervir no processo como litisconsortes, sem prejuízo de ampla divulgação pelos meios de comunicação social por parte dos órgãos de defesa do consumidor.

Art. 95. Em caso de procedência do pedido, a condenação será genérica, fixando a responsabilidade do réu pelos danos causados.

Art. 96. (Vetado).

Art. 97. A liquidação e a execução de sentença poderão ser promovidas pela vítima e seus sucessores, assim como pelos legitimados de que trata o art. 82.

Parágrafo único. (Vetado).

Art. 98. A execução poderá ser coletiva, sendo promovida pelos legitimados de que trata o art. 82, abrangendo as vítimas cujas indenizações já tiverem sido fixadas em sentença de liquidação, sem prejuízo do ajuizamento de outras execuções. (Redação dada pela Lei nº 9.008, de 21.3.1995)

§ 1º A execução coletiva far-se-á com base em certidão das sentenças de liquidação, da qual deverá constar a ocorrência ou não do trânsito em julgado.

§ 2º É competente para a execução o juízo:

I — da liquidação da sentença ou da ação condenatória, no caso de execução individual;

CÓDIGO DE DEFESA DO CONSUMIDOR

II — da ação condenatória, quando coletiva a execução.

Art. 99. Em caso de concurso de créditos decorrentes de condenação prevista na Lei nº 7.347, de 24 de julho de 1985, e de indenizações pelos prejuízos individuais resultantes do mesmo evento danoso, estas terão preferência no pagamento.

Parágrafo único. Para efeito do disposto neste artigo, a destinação da importância recolhida ao fundo criado pela Lei nº 7.347, de 24 de julho de 1985, ficará sustada enquanto pendentes de decisão de segundo grau as ações de indenização pelos danos individuais, salvo na hipótese de o patrimônio do devedor ser manifestamente suficiente para responder pela integralidade das dívidas.

Art. 100. Decorrido o prazo de um ano sem habilitação de interessados em número compatível com a gravidade do dano, poderão os legitimados do art. 82 promover a liquidação e execução da indenização devida.

Parágrafo único. O produto da indenização devida reverterá para o fundo criado pela Lei nº 7.347, de 24 de julho de 1985.

CAPÍTULO III

Das Ações de Responsabilidade do Fornecedor de Produtos e Serviços

Art. 101. Na ação de responsabilidade civil do fornecedor de produtos e serviços, sem prejuízo do disposto nos Capítulos I e II deste título, serão observadas as seguintes normas:

I — a ação pode ser proposta no domicílio do autor;

II — o réu que houver contratado seguro de responsabilidade poderá chamar ao processo o segurador, vedada a integração do contraditório pelo Instituto de Resseguros do Brasil. Nesta hipótese, a sentença que julgar procedente o pedido condenará o réu nos termos do art. 80 do Código de Processo Civil. Se o réu houver sido declarado falido, o síndico será intimado a informar a existência de seguro de responsabilidade, facultando-se, em caso afirmativo, o ajuizamento de ação de indenização diretamente contra o segurador, vedada a denunciação da lide ao Instituto de Resseguros do Brasil e dispensado o litisconsórcio obrigatório com este.

Art. 102. Os legitimados a agir na forma deste código poderão propor ação visando compelir o Poder Público competente a proibir, em todo o território nacional, a produção, divulgação, distribuição ou venda, ou a determinar a alteração na composição, estrutura, fórmula ou acondicionamento de produto, cujo uso ou consumo regular se revele nocivo ou perigoso à saúde pública e à incolumidade pessoal.

§ 1º (Vetado).

§ 2º (Vetado).

COMO ADMINISTRAR AS CONTAS DA CASA

CAPÍTULO IV

Da Coisa Julgada

Art. 103. Nas ações coletivas de que trata este código, a sentença fará coisa julgada:

I — erga omnes, exceto se o pedido for julgado improcedente por insuficiência de provas, hipótese em que qualquer legitimado poderá intentar outra ação, com idêntico fundamento valendo-se de nova prova, na hipótese do inciso 1 do parágrafo único do art. 81;

II — ultra partes, mas limitadamente ao grupo, categoria ou classe, salvo improcedência por insuficiência de provas, nos termos do inciso anterior, quando se tratar da hipótese prevista no inciso II do parágrafo único do art. 81;

III — erga omnes, apenas no caso de procedência do pedido, para beneficiar todas as vítimas e seus sucessores, na hipótese do inciso III do parágrafo único do art. 81.

§ 1º Os efeitos da coisa julgada previstos nos incisos I e II não prejudicarão interesses e direitos individuais dos integrantes da coletividade, do grupo, categoria ou classe.

§ 2º Na hipótese prevista no inciso III, em caso de improcedência do pedido, os interessados que não tiverem intervindo no processo como litisconsortes poderão propor ação de indenização a título individual.

§ 3º Os efeitos da coisa julgada de que cuida o art. 16, combinado com o art. 13 da Lei nº 7.347, de 24 de julho de 1985, não prejudicarão as ações de indenização por danos pessoalmente sofridos, propostas individualmente ou na forma prevista neste código, mas, se procedente o pedido, beneficiarão as vítimas e seus sucessores, que poderio proceder à liquidação e à execução, nos termos dos arts. 96 a 99.

§ 4º Aplica-se o disposto no parágrafo anterior à sentença penal condenatória.

Art. 104. As ações coletivas, previstas nos incisos I e II do parágrafo único do art. 81. não induzem litispendência para as ações individuais, mas os efeitos da coisa julgada erga omnes ou ultra partes a que aludem os incisos II e III do artigo anterior não beneficiarão os autores das ações individuais, se não for requerida sua suspensão no prazo de trinta dias, a contar da ciência nos autos do ajuizamento da ação coletiva.

TÍTULO IV

Do Sistema Nacional de Defesa do Consumidor

Art. 105. Integram o Sistema Nacional de Defesa do Consumidor (SNDC) os órgãos federais, estaduais, do Distrito Federal e municipais e as entidades privadas de defesa do consumidor.

CÓDIGO DE DEFESA DO CONSUMIDOR

Art. 106. O Departamento Nacional de Defesa do Consumidor, da Secretaria Nacional de Direito Econômico (MJ), ou órgão federal que venha substituí-lo, é organismo de coordenação da política do Sistema Nacional de Defesa do Consumidor, cabendo-lhe:

I — planejar, elaborar, propor, coordenar e executar a política nacional de proteção ao consumidor;

II — receber, analisar, avaliar e encaminhar consultas, denúncias ou sugestões apresentadas por entidades representativas ou pessoas jurídicas de direito público ou privado;

III — prestar aos consumidores orientação permanente sobre seus direitos e garantias;

IV — informar, conscientizar e motivar o consumidor através dos diferentes meios de comunicação;

V — solicitar à polícia judiciária a instauração de inquérito policial para a apreciação de delito contra os consumidores, nos termos da legislação vigente;

VI — representar ao Ministério Público competente para fins de adoção de medidas processuais no âmbito de suas atribuições;

VII — levar ao conhecimento dos órgãos competentes as infrações de ordem administrativa que violarem os interesses difusos, coletivos, ou individuais dos consumidores;

VIII — solicitar o concurso de órgãos e entidades da União, Estados, do Distrito Federal e Municípios, bem como auxiliar a fiscalização de preços, abastecimento, quantidade e segurança de bens e serviços;

IX — incentivar, inclusive com recursos financeiros e outros programas especiais, a formação de entidades de defesa do consumidor pela população e pelos órgãos públicos estaduais e municipais;

X — (Vetado).

XI — (Vetado).

XII — (Vetado).

XIII — desenvolver outras atividades compatíveis com suas finalidades.

Parágrafo único. Para a consecução de seus objetivos, o Departamento Nacional de Defesa do Consumidor poderá solicitar o concurso de órgãos e entidades de notória especialização técnico-científica.

COMO ADMINISTRAR AS CONTAS DA CASA

TÍTULO V

Da Convenção Coletiva de Consumo

Art. 107. As entidades civis de consumidores e as associações de fornecedores ou sindicatos de categoria econômica podem regular, por convenção escrita, relações de consumo que tenham por objeto estabelecer condições relativas ao preço, à qualidade, à quantidade, à garantia e características de produtos e serviços, bem como à reclamação e composição do conflito de consumo.

§ 1º A convenção tornar-se-á obrigatória a partir do registro do instrumento no cartório de títulos e documentos.

§ 2º A convenção somente obrigará os filiados às entidades signatárias.

§ 3º Não se exime de cumprir a convenção o fornecedor que se desligar da entidade em data posterior ao registro do instrumento.

Art. 108. (Vetado).

TÍTULO VI

Disposições Finais

Art. 109. (Vetado).

Art. 110. Acrescente-se o seguinte inciso IV ao art. 1º da Lei nº 7.347, de 24 de julho de 1985:

"IV — a qualquer outro interesse difuso ou coletivo".

Art. 111. O inciso II do art. 5º da Lei nº 7.347, de 24 de julho de 1985, passa a ter a seguinte redação:

"II — inclua, entre suas finalidades institucionais, a proteção ao meio ambiente, ao consumidor, ao patrimônio artístico, estético, histórico, turístico e paisagístico, ou a qualquer outro interesse difuso ou coletivo."

Art. 112. O § 3º do art. 5º da Lei nº 7.347, de 24 de julho de 1985, passa a ter a seguinte redação:

"§ 3º Em caso de desistência infundada ou abandono da ação por associação legitimada, o Ministério Público ou outro legitimado assumirá a titularidade ativa."

Art. 113. Acrescentem-se os seguintes §§ 4º, 5º e 6º ao art. 5º da Lei nº 7.347, de 24 de julho de 1985:

"§ 4º O requisito da pré-constituição poderá ser dispensado pelo juiz, quando haja manifesto interesse social evidenciado pela dimensão ou característica do dano, ou pela relevância do bem jurídico a ser protegido.

CÓDIGO DE DEFESA DO CONSUMIDOR

§ 5º Admitir-se-á o litisconsórcio facultativo entre os Ministérios Públicos da União, do Distrito Federal e dos Estados na defesa dos interesses e direitos de que cuida esta lei.

§ 6º Os órgãos públicos legitimados poderão tomar dos interessados compromisso de ajustamento de sua conduta às exigências legais, mediante combinações, que terá eficácia de título executivo extrajudicial".

Art. 114. O art. 15 da Lei nº 7.347, de 24 de julho de 1985, passa a ter a seguinte redação:

"Art. 15. Decorridos sessenta dias do trânsito em julgado da sentença condenatória, sem que a associação autora lhe promova a execução, deverá fazê-lo o Ministério Público, facultada igual iniciativa aos demais legitimados."

Art. 115. Suprima-se o caput do art. 17 da Lei nº 7.347, de 24 de julho de 1985, passando o parágrafo único a constituir o caput, com a seguinte redação:

"Art. 17. Em caso de litigância de má-fé, a associação autora e os diretores responsáveis pela propositura da ação serão solidariamente condenados em honorários advocatícios e ao décuplo das custas, sem prejuízo da responsabilidade por perdas e danos".

Art. 116. Dê-se a seguinte redação ao art. 18 da Lei nº 7.347, de 24 de julho de 1985:

"Art. 18. Nas ações de que trata esta lei, não haverá adiantamento de custas, emolumentos, honorários periciais e quaisquer outras despesas, nem condenação da associação autora, salvo comprovada má-fé, em honorários de advogado, custas e despesas processuais."

Art. 117. Acrescente-se à Lei nº 7.347, de 24 de julho de 1985, o seguinte dispositivo, renumerando-se os seguintes:

"Art. 21. Aplicam-se à defesa dos direitos e interesses difusos, coletivos e individuais, no que for cabível, os dispositivos do Titulo III da lei que instituiu o Código de Defesa do Consumidor."

Art. 118. Este código entrará em vigor dentro de cento e oitenta dias a contar de sua publicação.

Art. 119. Revogam-se as disposições em contrário.

Brasília, 11 de setembro de 1990; 169º da Independência e 102º da República.

Este texto não substitui o publicado no D.O.U. de 12.9.1990.

Impresso no Brasil pelo
Sistema Cameron da Divisão Gráfica da
DISTRIBUIDORA RECORD DE SERVIÇOS DE IMPRENSA S.A.
Rua Argentina 171 – Rio de Janeiro, RJ – 20921-380 – Tel.: 2585-2000